말 없는 거행 씨

말 없는 거행 씨 __ 박거행 에세이

●●●

서문

누구나 그렇듯 인생의 어느 시점이 되면 지나온 시간을 되돌아보게
되는 모양입니다. 서툴렀던 사회 초년생 시절, 아내와의 첫 만남,
아이들과 나눈 애틋한 추억에서부터 삶터에서 혹은 일터에서 만난
사람들과의 소소한 감상과 회고를 생각나는 대로 적어 보았습니다.
때로는 아쉽고, 더러는 모자란 기억의 순간들이 모였다 흩어지는
것을 다시금 오래 바라볼 수 있는 것만으로 충분했습니다. 어쩌다
이 글을 읽게 된 분에게는 잠시 쉬어 가는 그늘이 되기를 감히
바랍니다. 딱히 내세울 것 없는 평범한 삶을 꾸리는 데도 많은 분들
응원과 격려가 필요했듯이, 이 소박한 글들이 책 꼴을 갖추기까지
여러분께 신세를 졌습니다. 고마운 마음 두루 잊지 않겠습니다.
언제나 곁을 지켜 주는 아내와 부족함 속에서도 곧게 자라 준 딸과
아들에게 이 책을 바칩니다. 당신들이 있었으므로 무너지지 않고
견딜 수 있었습니다.

2025년 여름

서문 __ 5

말에는 힘이 있다 __ 15
잠시 멈추고 쉬었다 갑시다 __ 19
낫 놓고 ㄱ자도 모른다 __ 22
그렇게 빛나는 사람이 진정한 실력자다 __ 26
나에게 깊은 인상을 남긴 두 장면 __ 29
자신감은 당신의 미래를 바꿀 것이다 __ 32
박항서 감독의 위대한 여정 __ 34
다들 애쓰며 사는 이유 __ 38
공무원 단상 __ 40
내가 다른 사람보다 늦게 가는 이유 __ 43
함께 걸어온 우리 삶의 이야기 __ 48

30년 전에 시작된 우리의 이야기 __ 53
하필이면 엘리베이터 교체 공사를 할 줄이야 __ 58
여주시 교통 정책의 현주소 __ 62
모른다는 것은 아직 알 기회가 있다는 것이다 __ 66
불편한 사무실 __ 69
열정보다 무능력이 더 유리하다고 __ 72
지금도 아내는 내가 무슨 말을 하면 믿는다 __ 76
처음부터 불친절한 공무원은 없다 __ 83

차례

기본만 제대로 지키면 될 일이다 __ 87
인연은 돌고 돌아오는 것이다 __ 90

이쯤 되면 아예 일본에는 가지 말라는 거지 __ 95
비광 이 선생 __ 98
골프가 좋으냐 여행이 좋으냐 __ 100
진짜 사나이 __ 103
이제 그 아파트에는 두 집이 남아 있다 __ 108
대개 문제의 답은 문제 안에 있다 __ 113
지금에 와서 보면 잘못된 선택이었다 __ 116
깜깜이 족구 __ 120
큰아이가 공무원 된 것은 다 내 덕분이다 __ 122
단속은 약자에게 강하고 강자에게 약하다 __ 125
착각도 가끔은 쓸 데가 있다 __ 128
공이 없는 사람으로 살라고 __ 130
생각할 때마다 웃음 짓게 되는 이유 __ 135
그게 연륜 아닐까 __ 138

그해 여름은 유난히도 뜨거웠다 __ 143
나의 이야기는 지금도 진행 중 __ 153
최초가 되는 순간 모든 것이 달라질 것이다 __ 156
문익점과 같은 마음이었을까 __ 159

잘못된 입찰 __ 162

북벌의 칼 가는 소리 __ 164

끝날 때까지는 끝난 게 아니다 __ 167

여주 여강길 만들기 __ 171

황순원 문학촌 소나기마을 __ 174

그럼, 그냥 편안하게 둘러보고 가세요 __ 177

여주 프리미엄 아울렛 관광 안내소 __ 180

사실대로 말하지 않은 대가 __ 183

내 열심은 어떤 향기로 남았을까 __ 189

말 없는 거행 씨 __ 195

중국 흑룡강성에서 온 사람들 __ 198

우리의 삶은 수많은 인과 연으로 얽혀 있다 __ 201

도대체 하라는 건지 말라는 건지 __ 204

나의 불편한 속내를 그는 어떻게 알아봤을까 __ 210

자기가 뿌린 씨는 자기가 거두는 법이다 __ 213

피해 조사 누락, 어찌할 것인가 __ 218

작은 관심 __ 223

두드리면 열린다 __ 226

정작 진짜 중요한 것은 눈에 보이지 않는다 __ 229

참 많이 변한 당신, 멋지게 사셨군요 __ 235

반송된 재산세 고지서 __ 239

미안해, 내 이쁜 딸 __ 240

세상에 억지로 되는 일은 없다 __ 243

발자국 눈 __ 246

시간은 기억을 왜곡할 수 있다 __ 248

서른한 살의 나이에 검사를 찾아간 용기 __ 251

엄마가 무서워 __ 256

슬기로운 대처는 그 다음이다 __ 258

이 사람이 정말 __ 260

공무원 생활 1년 만에 사직서를 제출하다 __ 266

하늘은 스스로 돕는 자를 돕는다 __ 271

사람의 인연은 결코 가볍지 않다 __ 279

역사를 배우는 또 다른 방식 __ 281

눈을 감으면 __ 284

절대로 창피한 일 아니다 __ 288

그 시절 편지들은 글자보다 더 큰 의미를 담고 있었다 __ 290

조금은 단단한 걸음으로 걸어가야지 __ 293

내가 베꼈다는 글은 도대체 누가 쓴 글일까 __ 296

그때 나는 왜 그랬을까 __ 299

자신을 구해야 할 사람은 자신뿐이다 __ 304

집 나가면 고생인데 __ 307

엄마의 심부름 __ 310

외삼촌은 어디 가서 그렇게 돌아오지 않았을까 __ 312

고추잠자리 __ 314

《말 없는 거행 씨》 엮으며 고하다 __ 317

말에는 힘이 있다

잠시 멈추고 쉬었다 갑시다

낫 놓고 ㄱ자도 모른다

그렇게 빛나는 사람이 진정한 실력자다

나에게 깊은 인상을 남긴 두 장면

자신감은 당신의 미래를 바꿀 것이다

박항서 감독의 위대한 여정

다들 애쓰며 사는 이유

공무원 단상

내가 다른 사람보다 늦게 가는 이유

함께 걸어온 우리 삶의 이야기

말에는 힘이 있다

말에는 힘이 있다. 말하는 사람의 의지가 담기기 때문이다. 같은 말이라도 누가 어떻게 하느냐에 따라 영향이 달라진다. 진심이 담긴 말은 상대방을 움직일 수도 있다. 하지만 생각을 정리하고 자신의 의지를 담아 말하는 것은 결코 쉽지 않다. 업무 협의를 하거나 민원 상담을 할 때마다 나는 말의 중요성을 절감한다. 긍정적으로 말하는 사람도 있고, 부정적으로 말하는 사람도 있다. 내가 경험한 바에 따르면, 대개 일의 방향은 말하는 대로 흘러간다. 그렇기에 옳은 말을 해야 하며, 긍정의 의지를 담아 말해야 한다.

나는 '4대강 살리기 사업' 6공구에서 한국수자원공사와 협의할 일이 많았다. 매번 방문 목적을 미리 알리고 회의에 참석했다. 한번은 회의가 끝난 뒤 담당자가 이런 말을 했다.

"박 주사님은 방문 전에 항상 목적을 알려 주시는데요. 나름대로 준비해서 막상 협의해 보면 결국 박 주사님 그 목적에 고개를 끄덕이게 되더라구요."

나는 단순히 말장난을 하지 않았다. 주제에 맞게 진심을 담아 설득할 뿐이었다. 협상에서는 누구나 자신의 이익을 고려하는데 정작 중요한 것은 논리와 정당성을 바탕으로 하는 말이다. 몇천만

원에서 수억 원이 오가는 협상에서는 특히 그렇다. 방문 목적을
미리 알려 주었음에도 협상 과정에서 상대가 반박하지 못하고
수긍하는 이유는 단순하다. 논리가 타당하기 때문이다. 같은
사안을 두고 서로 다른 주장이 부딪힐 때 이기는 방법은
하나뿐이다. 옳으면 된다. 줄 것은 주고 받을 것은 받으면
그만이다.

협상에서 중요한 것은 말의 순서와 표현 방식이다. 협상에서는
내가 들어줘야 하는 부분과 내가 요청해야 하는 부분이 존재한다.
공무원으로서 법과 원칙을 따를 때는 여지가 적지만 주민의 이익을
대변해야 할 때는 다르다. 특히 요청을 할 때 긍정적인 말과 적절한
표현이 필요하다.

'4대강 살리기 사업' 추진 과정에서도 이러한 점이 중요했다.
팀장과 논의할 때, 전임 팀장은 '그런 방법이 있었냐'며 추진해
보라고 긍정적으로 반응했지만 후임 팀장은 '그걸 해 주겠냐'며
의심부터 했다. 결과적으로 전임 팀장이 추진한 협상은 600억 원의
매출을 달성했지만 후임 팀장이 추진한 협상은 연이어 실패했다.
문제는 태도와 표현 방식이었다. 요청을 하면서도 확신이 없었고,
상대방도 이를 감지했다. 결국 사업은 무산되었고, 나는 다른
부서로 이동해야 했다.

부정적인 마음과 의심 그리고 주저하고 망설이는 확신 없는 태도는 누구도 설득할 수 없고, 아무것도 바꿀 수 없다. 반면, 긍정적이고 확신에 찬 말은 사람을 설득하고 결과를 바꾼다. 이는 10여 년이 지난 지금도 여전히 유효한 진리다.

"내 마음을 들여다보지 마세요."

어느 드라마 속 주인공이 한 말이다. 이 말은 단순히 자신의 마음을 감추고 싶다는 뜻일까. 꼭 그렇지만은 않다. 사람들은 때때로 자신의 마음을 감추려 하지만 그 이면에는 오히려 알아주기 바라는 욕구가 숨어 있다. 상대가 마음을 닫으려 할 때 우리는 어떤 태도를 가져야 할까. 그저 거리를 두고 지켜보기만 해야 할까. 나는 그렇지 않다고 생각한다.

대개 마음에 둔 사람이 있다면 자연스럽게 관심이 가고, 그 사람이 어떤 생각을 하는지 알고 싶어진다. 하지만 모든 사람이 자신의 감정을 쉽게 드러내지는 않는다. 사람과의 관계에는 다소 시간이 필요하다. 가까워지기 위해서는 서로를 이해하려는 노력도 필요하다. 때로는 일부러 거리를 두려 하고, 때로는 반어적인 표현으로 마음을 감추기도 한다. 그렇다고 해서 무관심으로 일관하는 것은 정답이 아니다. 적당한 거리에서 관심을 기울이면서 그 사람이 준비될 때까지 기다려 주는 것이 중요하다.

관계란 단순한 거리 두기로 유지되는 것이 아니다. 관계를
유지하는 것은 관심이다. 상대가 정말로 관심을 원하는지 그렇지
않은지 잘 살펴야 하고 고민해야 한다. 감정적으로 힘든 시기를
겪는 사람일수록 더 많은 배려가 필요하다. 무작정 감정을
캐묻거나 억지로 마음의 문을 두드려서는 안 된다. 조심스럽게
다가가고, 꾸준하게 관심을 보인다면 상대도 서서히 마음을 열 수
있다.

수많은 갈등 속에서 감정적으로 힘든 시기를 보내는 사람들이
많다. 때로는 자신의 어려움을 감추려 하거나 무뚝뚝하게
행동하기도 한다. 하지만 이를 오해하고 거리 두기만 한다면, 더 큰
문제가 발생할 수 있다. 중요한 것은 그 사람이 왜 그런 태도를
보이는지 헤아리고, 진심 어린 관심으로 다가가는 것이다. 관계란
오해 속에서 멀어지지만 이해 속에서는 깊어지는 법이다. 사람의
마음은 복잡하지만 진심 어린 관심과 공감이 있다면 그 마음을
이해할 수 있는 순간이 찾아온다. 이러한 관계의 원리는 공직
사회에서도 마찬가지다.

잠시 멈추고 쉬었다 갑시다

만약에, 기억을 간직한 채 다시 인생을 시작할 수 있다면, 우리의 삶은 어떻게 달라질까. 아마도 우리는 과거의 실수를 피하고 더 나은 선택을 할 수 있을 것이다. 이런 상상은 많은 사람들에게 흥미롭고 매력적인 주제다. 이를 다룬 작품들도 많다. 송중기 배우가 주연한 텔레비전 드라마 〈재벌집 막내아들〉이나 장영훈 작가의 소설 〈절대회귀〉는 모두 이러한 설정을 통해 흥미로운 이야기를 전개한다.

누구라도 한번쯤은 과거로 돌아갈 수 있다면 어떨까 하는 상상을 한 적이 있을 것이다. 비록 현실에서는 불가능하지만 그런 상상은 오히려 앞으로 나갈 수 있는 힘이 되기도 한다. 때로는 가던 길을 잠시 멈추고 쉬어가는 것만으로도 새로운 힘을 얻고, 새로운 기회를 만들 수 있는 것처럼.

고등학교 시절 한 친구는 1학년을 마치고 나서 자신의 학업 성취가 다른 친구들에 비해 뒤떨어진다는 것을 알았다. 그래서 휴학을 선택했다. 그리고 4년 만에 고등학교를 졸업하고 바로 일류 대학에 진학했다. 그 친구가 재수를 하지 않고 고등학교 졸업 연도와 대학 입학 학번을 맞출 수 있었던 것은 '잠시 멈춤'의 힘이었다. 세계적인 축구 스타 박지성 선수도 '잠시 멈춤'의 힘을 증명해 보였다. 그는 체격과 체력을 키우기 위해 고등학교 때 1년을 휴학했다. 그 결과, 고등학교를 졸업한 뒤에 곧바로 '일본 교토 퍼플 상가 FC'로 진출했다. 게다가 대한민국 축구 국가대표팀 거스 히딩크 감독에게 발탁되어 22살의 어린 나이에 2002년 월드컵 스타가 되었다. 그 뒤로도 그는 유럽 축구 리그에서 전성기를 보내며 큰 성공을 거두었다. 이처럼 잠시 멈추고 준비하는 시간은 인생을 바꿀 수 있는 중요한 기회가 될 수 있는 것이다.

나는 30년 이상 공무원으로 살아왔고 이제는 인생 1막을 마치는 과정 속에서 인생 2막을 준비하고 있다. 가끔 과거를 돌아보면서 '그때 이렇게 했더라면 어땠을까'라는 생각이 들기도 한다. 하지만 지난 일에 미련을 두기보다는, 그 경험들을 바탕으로 앞으로의 삶을 새롭게 시작하려 한다. 이것은 기억을 간직한 채 다시 인생을 시작하는 것과 같다. 지금까지 인생 1막의 경험들이 든든하니 인생 2막은 또 다른 도전과 배움의 기회로 가득하겠지. 이 순간이야말로 '잠시 멈춤'이 필요한 때다.

삶의 한복판에서 잠시 멈추고 쉬어가는 선택은 두려움을 동반할 수 있다. 그러나 그 시간은 우리의 다음 단계를 더 탄탄하게 만들어 줄 것이다. 지금 당장 무엇을 바꿀 수는 없어도 우리가 앞으로 나아갈 방향과 속도를 조정할 수 있는 기회가 될 것이다.

"잠시 멈추고 쉬었다 갑시다."

여러분은 지금 어떤 선택의 기로에 서 있는지. 여러분도 잠시 멈추고 쉬어 가는 시간을 가져 보기 바란다. 자신의 길을 돌아보기 바란다. 그 선택이 항상 옳은 선택이 아닐 수도 있지만 새로운 가능성을 열어 줄지도 모른다. 선택은 언제나 열려 있다.

낫 놓고 ㄱ자도 모른다

'낫 놓고 ㄱ자도 모른다'는 속담이 있다. 과거 문맹률이 높던 시절, 글자를 모르는 사람을 풍자하는 말이다. '낫'은 한글의 'ㄱ'자와 모양이 비슷해 한글을 읽을 줄 모르는 사람도 쉽게 연상할 수 있는 농기구였다. 그러나 오늘날은 상황이 달라졌다. 문맹률은 극도로 낮아져서 한글 모르는 사람은 없지만 '낫'이라는 농기구 자체를 본 적도 없는 사람이 많아졌다. 이제는 'ㄱ'자를 모르는 것이 아니라 '낫'을 모르는 시대가 된 것이다.

세종대왕이 한글을 창제한 지 500년 넘는 시간이 지났지만 일반인들이 본격적으로 한글을 사용하게 된 것은 1894년 갑오경장 뒤로 130년 정도다. 1910년부터 1945년까지 일제 강점기에는 강제로 일본말을 써야 했으니 실제로는 100년도 채 못 된다. 1945년 해방된 뒤로 성인 문맹률은 78퍼센트에 달했고, 1950년 발발한 한국전쟁은 교육을 완전히 마비시켰다. 1953년 휴전이 되고서야 우리는 문맹 퇴치 교육을 통해 빠르게 문해력을 향상시켰다. 그 결과 1960년에는 문맹률이 28퍼센트로 급감했다. 현재는 문맹이 거의 사라졌다. 최근 조사에서도 초등학교 1학년 수준의 문해력을 가진 성인이 전체의 3.3퍼센트에 불과했다.

'낫 놓고 ㄱ자도 모른다'는 속담은 그야말로 옛날 말이 되었다.

기성세대는 여전히 익숙하게 쓰지만 신세대는 이를 이해하지
못하거나 공감하지 못한다. 다분히 시대가 변했기 때문이다.
과거에는 아예 글자를 몰라서 소통이 어려웠다면, 현재에는 글자는
알아도 세대 간 경험이나 환경이 달라서 소통이 어렵다. 이는 사회
문제로까지 확대되어 세대 간 언어 소통을 위한 범국민적인 노력이
이목을 끌고 있다.

과거에는 전화번호를 외우는 것이 필수적이었다. 집은 물론
가족이나 친구 등 가깝게 연락하는 전화번호를 달달 외웠다.
외우지 못하면 그런 전화번호를 적은 수첩을 휴대하기도 했다.
매년 새로 나오는 전화번호부 그 두꺼운 책도 다들 앞다투어
챙겼다. 그런 책이 지역별로 다 있었고, 공중전화 부스에도
비치되고 그랬다. 전화번호만 잘 외워도 집이며 길 잃어버릴 일
없었다. 짜장면집 전화번호만 알아도 굶을 일 없었다.

저마다 전화기를 휴대하게 되고 나아가 스마트폰이 보편화된
지금은 상황이 크게 달라졌다. 더 이상 전화번호를 외우거나
전화번호부에 의존하지 않아도 되는 스마트한 시대가 된 것이다.
저마다 들고 다니는 스마트폰이 알아서 척척 다 해 주기 때문에
전화번호 따위는 굳이 외울 필요가 없어졌다. 이렇게 스마트폰
의존률이 상당하다 보니 스마트폰이 없으면 아무것도 못하는
세상이기도 하다. 다분히 시대가 변한 것이다. 이러한 현상들은

변화하는 시대에 따라 우리가 익숙했던 것들이 더 이상 필수적이지 않게 되는 과정일 뿐이다. 시대가 바뀌면서 새로운 능력이 요구되는 것이다.

나는 1992년에 공직을 시작했고 30여 년이 지났다. 근무 환경을 보자면 처음에는 수기로 공문서를 작성했고 다음에는 타자기를 사용했다. 1997년이 되면서는 컴퓨터를 사용했다. 문서를 편집하고 정보를 저장하는 일이 수월해졌지만 컴퓨터를 배우는 일은 수월하지 않았다. 문서나 정보를 메일로 보내기 시작한 것은 2000년대 초에 일반화되었다. 나와 같은 시기에 입문한 동료들은 이 같은 경험을 하며 변화에 적응했다. 기술 발전과 사회 변화는 빠르게 이루어졌고 다들 뒤떨어지지 않으려고 애썼다. 덕분에 지금 시기에 들어오는 신세대와 같은 공간에서 근무해도 전혀 어렵거나 뒤지지 않는다. 오히려 산증인으로서 신세대를 잘 이끌 수 있다.

시대가 변화한 만큼, 우리의 사고 방식과 표현도 변화해야 한다. 특히 서로를 공감하는 것이 더더욱 중요해졌다. 과거의 속담과 개념을 그대로 고수하는 것이 중요한 게 아니라 세대 간의 이해와 소통이 더욱 중요해진 것이다. 기성세대는 과거의 표현을 고집하기보다 변화하는 사회에 맞춰 소통 방식을 조정할 필요가 있다. 신세대도 기존 문화와 표현을 이해하려는 노력이 필요하다.

'낫 놓고 ㄱ자도 모른다'는 속담은 단순히 문맹을 풍자하는 것이 아니라 세대 간 인식 차이를 상징하는 말이 될 수도 있다. 변화하는 시대 속에서 우리에게 필요한 것은 'ㄱ'자를 알고 '낫'이 무엇인지 아는 것이 아니라 서로를 이해하고 존중하는 태도일 것이다.

시대가 변하면 사고 방식과 표현도 달라져야 한다. 과거와 현재의 차이를 인정하고 서로의 입장을 이해하며 시대에 맞는 새로운 표현과 소통 방식을 찾아가야 할 것이다.

그렇게 빛나는 사람이 진정한 실력자다

요즘 유튜브는 다양한 콘텐츠로 가득하다. 요리, 여행, 캠핑 등 다양하지만 나는 그저 음악 듣기를 좋아한다. 고등학교 시절 2년 동안 합창단 활동을 했던 경험이 아직까지 영향을 미치는 듯하다.

어느 날, 우연히 유튜브에서 한 여성이 노래하는 영상을 보게 되었다. 나의 성향을 잘 간파하는 알고리즘이 내놓는 영상들 사이에서 갈대처럼 흔들리던 내 마음이 순간 멈추었다. 이전에도 얼핏 봤던 영상이었는데 당시에는 외부 촬영본이라서 그런지 음질이며 상태가 좋지 않아 흥미를 끌지 못했다. 이번에는 달랐다. 헤어진 연인을 주제로 한 그 노래가 어찌나 마음을 사로잡는지 원곡까지 찾아보게 되었다.

원곡자는 '조항조'라는 가수였다. 곡이 얼마나 유명한지 여러 사람이 다양하게 부른 버전들도 많았다. 왠지 원곡보다는 여성 가수들이 부르는 버전에 나는 더 끌렸다. 그 중 한 여성 가수는 텔레비전 프로그램 〈미스트롯〉 출연자로, 자신의 유튜브 채널에 이 노래 부르는 영상을 올려 놓았다. 목소리가 매우 아름다웠는데 한 가지 어색한 점이 있었다. 노래의 감정과 맞지 않게 전주 부분에서 가수가 미소를 짓고 있는 것이다. 노래 가사는 헤어진 연인을 떠올리며 마음 아파하고 절규하는 내용인데 가수의 표정은 다정한 미소를 띠고 있다니. 그 미소에서 '이 노래를 잘 부를 수 있다'는 자신감이 엿보이기도 했지만 곡의 감정선과는 전혀 어울리지 않았다.

노래를 잘 부르는 것만으로는 충분하지 않을 때가 있다. 곡의 해석에 맞게 감정을 표현해야 하기 때문이다. 애절한 노래는 애절하게, 즐거운 노래는 즐겁게 불러야 듣는 사람들이 동감하고 감동할 수 있지 않을까. 이것은 기본이다.

강혜정 소프라노의 노래는 이러한 기본에 충실할 뿐만 아니라 예상을 뛰어넘는 감동을 선사한다. 그녀의 공연은 매번 다르다. 이미자의 〈섬마을 선생님〉을 부를 때는 트로트를 편곡해 섬마을 처녀의 감성을 담아냈고, 스페인 밀레니엄 합창단과의 공연에서는 스페인 민요 〈고향 생각〉을 서정적으로 연주해 관객들에게 깊은 감동을 주었다. 그녀는 장소와 상황에 맞게 곡을 해석하고 노래하며 이를 통해 음악의 본질을 더욱 돋보이게 하는 힘이 있다. 이것이 기본에 충실한 힘이다.

나 역시 기본에 충실해야 한다고 생각하며 글을 쓴다. 주제를 벗어나거나 방향을 잃으면 오히려 가치가 떨어질 수 있으니까. 무엇보다 중요한 것은 '잘하는 기술'을 넘어, '상황에 맞는 기술'을 발휘하는 것이다. 타고난 기술이든 숙련된 기술이든 상황과 맥락에 따라 적합하게 적용될 때 진정으로 힘을 갖는다.

잘하는 기술은 상황에 맞는 기술로 발전할 때 비로소 빛을 발한다.
그렇게 빛나는 사람이 진정한 실력자다.

나에게 깊은 인상을 남긴 두 장면

김용(金庸, 1924-2018)은 중국의 소설가이며 언론인으로 그의
대표작은 〈영웅문〉 시리즈다. 그는 저급하다는 평가를 받던 무협
소설을 문학의 경지로 끌어올렸으며, 그의 작품은 학문적으로 연구
대상이 될 정도로 큰 영향을 미쳤다. 〈영웅문〉 시리즈는
〈사조영웅전〉, 〈신조협려〉, 〈의천도룡기〉로 구성되어 있다.
나는 1986년 처음 〈사조영웅전〉을 접한 뒤로 소설뿐만 아니라
드라마로도 감상하며 그 매력을 깊이 느껴 왔다. 특히 이 작품은
단순한 오락을 넘어 삶에 중요한 교훈도 주었다.

〈사조영웅전〉에는 '곽정'과 '황용'이라는 두 주인공이 등장한다.
곽정은 우둔하지만 성품이 곧은 남성이고, 황용은 지혜롭고
아름다운 여성이다. 이 두 사람은 사랑과 역경 속에서 성장하며
영웅으로 거듭나게 되는데 그 중에서도 나에게 깊은 인상을 남긴
두 장면이 있다.

하나는 곽정이 황용을 그리워하며 겪는 이야기다. 둘은 오해로
인해 헤어졌지만 곽정은 칭기즈 칸의 서정에 참여하면서도 황용을
찾고자 하는 간절한 염원을 갖게 된다. 어느 날, 막사에서 낮잠을
자던 중 곽정은 꿈에서 암시를 얻고, 그 방법대로 해서 결국 황용을
찾게 된다. 이 장면은 무의식 속에서도 강렬한 열망이 해결책을

찾게 만든다는 사실을 보여 주고 있다. 나 또한 이 이야기를 통해
목표를 향한 간절함과 무의식의 힘을 깊이 깨닫게 되었고 지금도
힘이 들 때 생각하곤 한다.

다른 하나는 곽정이 자신의 원수인 서독 구양봉과 동행하며 벌어진
일이다. 둘은 동행 중 무예를 겨루게 되는데 이 과정에서 구양봉은
곽정의 무공 기술을 배우고, 곽정은 실전 경험을 통해 무예의
경지를 높인다. 김용은 이 상황을 '어리석은 사람이라고 꼭 손해를
보는 것도 아니고, 머리가 좋은 사람이라고 항상 이득을 보는 것도
아니다'라고 묘사한다. 이는 삶에서 서로 다른 강점과 약점을 가진
사람들이 각자의 방식으로 성장할 수 있음을 의미하는 것이다.

이 두 장면은 단순한 소설의 에피소드를 넘어 삶의 지침이 되었다.
우리는 모두 개인의 이익을 추구하며 살아가지만 진정한 성장은
노력과 간절함 그리고 최선을 다하는 자세에서 비롯된다고
생각한다. 머리가 좋다고 해서 항상 이득을 보는 것도 아니고,
어리석다고 해서 손해만 보는 것도 아니다. 이 이치는 누구에게나
해당되는 것이다.

이를 통해 깨달은 바는, 우리가 이루고자 하는 목표를 향해
끊임없이 노력한다면 결국 하늘도 돕는다는 것이다.
무의식에서조차 해결책을 찾게 만드는 간절함과 때로는 예상치

못한 상황에서 얻는 성장의 기회들이 인생을 더욱 풍요롭게 만든다. 그러므로 어떤 상황에서도 자신의 자리에서 최선을 다하는 태도가 중요하다고 나는 믿는다.

김용의 〈영웅문〉 시리즈는 단순한 소설 그 이상으로 내 삶에 중요한 가르침을 준 작품이다. 곽정의 이야기처럼 우리도 삶 속에서 간절히 원하는 바를 향해 노력하고 때로는 무의식 속에서도 길을 찾으며 성장할 수 있다. 이는 단지 문학적 교훈이 아니라 우리의 삶에 실질적으로 적용할 수 있는 지혜다. 나는 앞으로도 이 가르침을 실천하며 살아가고자 한다.

자신감은 당신의 미래를 바꿀 것이다

직장 생활을 막 시작한 공무원 초년생들과 사회 초년생들에게 묻고 싶다. 혹시 지금 자신이 부족하다고 느끼고 있는가. 스스로가 약하다고 생각하며 고민하고 있다면 그 생각을 잠시 멈춰 보라. 당신은 이미 충분히 강하다.

1950년 6월 25일 시작된 한국전쟁은 모두에게 큰 상처를 남겼고 교훈도 남겼다. 당시 전선을 지휘하던 군 지휘관들이 30대 초중반의 젊은 나이였다는 사실을 알고 있는가. 백선엽 장군은 33세의 나이에 1사단장을 맡았고, 김종오 장군은 30세의 나이에 6사단장을 맡았고, 임부택 장군은 34세의 나이에 11사단장을 맡았다. 지금처럼 인터넷이나 첨단 기술도 없던 시대에 그들은 오직 자신감과 의지로 만 명이 넘는 병력을 지휘하며 나라를 수호했다.

그들의 이야기를 듣고 나면 우리는 스스로를 돌아보게 된다. 현재 우리는 그들보다 훨씬 나은 교육과 환경을 제공받는다. 지식과 정보에 쉽게 접근할 수 있는 시대에 살고 있다. 이런 시대에 과연 우리는 그들처럼 자신감으로 가득 차 있는가.

1884년에 일어난 갑신정변 또한 도전 정신의 상징이다. 김옥균,

박영효, 홍영식, 서광범, 서재필 같은 젊은 개화파는 나라를
독립시키고 근대화를 이루겠다는 꿈을 품고 정변을 일으켰다. 당시
그들의 나이도 너무 젊었다. 김옥균은 33세, 박영효는 23세,
홍영식은 29세, 서광범은 25세, 서재필은 21세였다. 그들의 도전은
비록 실패로 끝났지만 그들이 용감했음은 누구도 부정할 수 없다.
실패는 결국 도전의 또 다른 이름일 뿐이다.

우리 모두는 과거의 영웅들처럼 젊고 가능성으로 가득 차 있다.
그들이 나라를 구했듯이 우리도 우리의 삶을 구할 수 있다. 그러니
실패를 두려워하지 말고 한 걸음 내디뎌라. 무엇보다 중요한 것은
스스로에 대한 믿음이다. 자신감은 당신의 미래를 바꿀 것이다.

박항서 감독의 위대한 여정

나는 박항서 감독이 단순히 축구에서만 성공했다고 생각하지
않는다. 그의 성공은 많은 것을 넘어섰다. 그의 여정은 축구라는
스포츠를 통해 한 국가의 자부심을 일깨우고 국민을 하나로
모으기까지 했다. 그 이야기를 통해 우리는 스포츠가 가지는 힘과
리더십의 본질에 대해 다시금 생각해 볼 필요가 있겠다.

2017년에 박항서 감독은 베트남 축구 대표팀 지휘를 맡았다. 그
뒤로 그는 베트남 축구 역사상 가장 찬란한 성과를 만들어 냈다. 몇
해 전, 나는 우연히 텔레비전에서 그가 이끄는 베트남팀의 경기를
본 적이 있다. 그 경기는 중국에서 열린 'AFC U-23 아시안컵'
결승전으로 상대는 우즈베키스탄이었다. 눈이 많이 내리는 날씨
속에서도 베트남 선수들은 끝까지 최선을 다했다. 비록 2대 1로
패배했지만 준우승이라는 성과는 베트남 축구사에 큰 획을 그었다.
박항서 감독의 지도 아래 베트남팀은 태국, 말레이시아 등 강팀을
꺾으며 승승장구했고 이는 곧 베트남 국민들의 자부심으로
이어졌다.

박항서 감독은 일명 '파파 리더십'으로 선수들과 특별한 관계를
다졌다. 선수들 몸을 일일이 손수 풀어 주는 모습은 그가 단순한
감독이 아니라 진정으로 선수들을 아끼는 리더라는 것을 여실히

보여 준다. 이 리더십은 선수들뿐만 아니라 베트남 전 국민을 한마음 한뜻으로 움직이는 힘으로 작용했다. 이러한 그의 진정한 업적은 분열된 베트남 사회 깊숙히 영향을 끼쳤고 그 이야기에 세상은 주목했다.

베트남은 북베트남과 남베트남이 전쟁을 통해 통일된 나라다. 하지만 통일된 뒤에도 북과 남 사람들 사이에는 보이지 않는 벽이 존재한다. 박항서 감독이 이끄는 베트남 축구팀이 성공을 거두자 거리 응원에서 나선 사람들이 서로를 껴안고 함께 환호하면서 그 벽도 허물어졌다. 축구는 스포츠를 넘어 베트남 사람들에게 진정한 화합의 장을 열었다. 이는 국가 정책으로도 이루기 어려운 국민 통합을 가능하게 한 사례로 역사에 기록되었다.

한국도 이미 비슷한 경험을 했다. 1988년 서울 올림픽은 세계화 시대를 열었고 국민적 자긍심을 높였다. 2002년 한일 월드컵은 아이엠에프(IMF) 경제 위기로 침체된 사회 분위기를 바꾸는 데 큰 역할을 했다. 이런 국가적 이벤트는 국민들에게 큰 위로와 희망을 주었고 한국이 세계적인 국가 반열에 오르는 동력이 되었다.

반면, 2014년 세월호 참사는 그 상처가 오래도록 남았다. 국민적 아픔을 치유할 이슈가 부족했기 때문이었다. 세월호 참사가 있은 뒤로 경영 컨설팅 과정에서 많은 사람들이 경기 침체의 원인으로 이를 꼽았다. 세월호 참사는 국민의 대다수가 마음의 상처를 입은 국가적인 문제였다. 국민들의 문화 생활 패턴을 바꾸는 계기가 되기도 했다. 세월호 참사로 상처 입은 국민의 마음을 보듬을 만한 국가적 이슈가 몇 년 뒤에 있기는 했다. 그것은 2018년 평창 동계 올림픽이었다. 결과적으로는 국민 화합의 무대로 이어지지 못했고 국민의 상처를 치유할 기회가 되지 못했다. 개인적으로 아쉬움이 크다.

이처럼 국가적 이슈는 사회의 상처를 치유하거나 새로운 희망을 제시하는 중요한 역할을 한다. 스포츠를 통한 사회적 변화의 사례는 베트남과 한국만의 이야기가 아니다. 1995년 남아프리카공화국에서 개최된 럭비 월드컵은 넬슨 만델라 대통령의 리더십 아래 인종 갈등을 극복하는 데 큰 역할을 했다. 만델라 대통령이 럭비 국가대표팀을 지원하며 흑백 통합의 상징으로 삼은 이 이슈는 스포츠가 단순한 경기를 넘어 사회적 갈등을 해결하는 도구가 될 수 있음을 충분히 증명했다.

양팀이 공 하나를 두고 전쟁하듯 몸싸움을 하는 럭비의 경기 종료 용어는 '노 사이드(No-side)'다. 더 이상 네 편 내 편이 없다는 뜻이란다. 편이 없다는 것, 대립하지 않는다는 것은 그야말로 평화다. 모든 스포츠가 궁극적으로 추구하는 것이 바로 평화다. 이는 세계인의 축제 올림픽 정신에도 잘 나타나 있다. 박항서 감독의 리더십도 그러한 정신을 담고 있기에 그토록 아름다운 결과를 낳은 것이 분명하다.

박항서 감독의 위대한 여정은 우리에게 많은 교훈을 남겼다. 위기와 성취가 교차하는 순간에 필요한 것은 리더의 역할과 국민적 단합이다. 그의 리더십은 단순히 축구 감독으로서의 한계를 넘어선다. 그는 베트남 사람들에게 자긍심과 화합을 선물하며 스포츠가 사회에 어떤 변화를 가져올 수 있는지 몸소 보여 주었다. 우리도 각자의 자리에서 이러한 리더십과 도전 정신을 배우고 익히고 발휘해야 하지 않을까.

그는 여전히 축구를 통해 우리에게 희망의 메시지를 전하고 있다.

다들 애쓰며 사는 이유

'리버스 스윕(Reverse Sweep)'은 야구에서 기원한 용어다. 시리즈 경기에서 어느 한 팀이 한 번도 지지 않고 상대와의 여러 경기에서 이기는 것이 '스윕'이다. 예를 들면, 한국시리즈 7차전에서 4승을 먼저 하면 이기는 경기에서 4연승을 한 것이다. '리버스 스윕'은 그 반대로 시리즈 경기에서 한 번만 더 지면 끝나는 상황에서 나머지 게임을 전부 이기는 경우를 말한다. 요즘은 배구 경기와 같이 한 경기가 세트로 나누어 졌을 때 2세트를 지고 나머지 3세트를 모조리 이긴 경기를 리버스 스윕이라고도 한다.

지난 해, 배구 경기에서 흥국생명팀이 한국도로공사팀을 상대로 2게임을 이기다가 내리 3게임을 져서 우승을 놓친 경우가 있었다. 감독이나 구단주의 입장에서는 스윕이 무조건 좋지만 내리 지고 있는 팀을 응원하는 팬의 입장에서는 극적인 리버스 스윕을 간절하게 바라게 된다. 이것이 응원하는 묘미 아닐까. 어떤 경우는 리버스 스윕으로 가는 것처럼 패색이 짙다가 5세트에서 극적으로 승리를 하는 경우도 있다. 어떻든 극적인 결과는 관중들을 열광하게 한다.

이러한 극적인 승부사는 우리들 인생에 곧잘 비유되곤 한다. 우리들 인생도 경쟁의 연속이기 때문이다. 승승장구하는 인생도 있을 테지만 그렇지 않은 경우가 더 많다. 한 해에 졸업을 하는 동창들 중에 성공하는 사람이 겨우 10퍼센트 정도밖에 안 된다고 한다. 다른 사람이 잘 되지 않아야 내가 잘 될 수 있는 것이다. 이것이 어쩔 수 없는 경쟁 사회다.

나는 평범한 직장인으로서 실패했다거나 성공했다거나 어느 쪽이라 할 입장은 아니다. 정말 평범하다는 것인데 최근 약간의 일로 마음 고생을 좀 하고 있어서인지 '리버스 스윕'이라는 말이 마음에 팍팍 꽂힌다. 내가 고민하던 일에서 짠하고 반전이 일어나길 바라는 것이다. 누가 지고 싶겠는가. 이기고 싶지. 다들 애쓰며 사는 이유다.

공무원 단상

많은 사람들이 '공무원' 이라는 직업을 안정적이고 의미 있다고 여긴다. 그만큼 공무원은 국가 예산을 활용해서 시민들에게 실질적인 혜택을 제공하며, 공익을 위해 일하는 과정에서 보람을 느낀다. 그러나 항상 긍정적인 면만 있는 것은 아니다.

공무원으로서 좋은 점은 공익적인 역할 수행과 그 과정에서 사회적 기여를 할 수 있다는 것이다. 공무원은 국가의 예산을 통해 도로를 건설하거나 복지 혜택을 늘림으로써 시민들의 삶을 윤택하게 만든다. 본인의 의도와 상관없이 시민들에게 직접적인 도움을 제공하는 직업적 자격을 갖추게 된다. 이것이 공익적인 역할이다. 사회적 기여는 공익 사업 수행을 통해 사람들에게 긍정적인 영향을 주는 것을 의미한다. 복지 혜택이 늘면 사람들의 삶의 질이 높아진다.

지역 사회에서 공무원으로 근무하다 보면 선후배나 이웃들과의 관계에서 부담스러운 상황이 생기기도 한다. 민원 처리 중에 감정적으로 힘든 사례를 접할 때도 있다. 예를 들어, 고등학교 은사의 딸 사망 신고를 접수하거나 후배의 혼인 신고와 이혼 신고를 모두 처리하는 등의 경험은 공무원으로서 감내해야 할 부분이다.

업무 중 겪는 위험과 스트레스도 많다. 조류독감(AI)과 구제역이 발생했을 때 나는 묻지도 않고 따지지도 않고 살처분 업무에 투입되었다. 이는 육체적으로나 정신적으로 큰 스트레스를 동반했다. 살처분 과정에서 소의 무게로 인해 위험한 상황에 처하거나 동료가 부상을 입는 등 극한의 상황을 경험하기도 했다. 일주일도 안 된 송아지를 묻어야 할 때는 정서적으로 너무 힘이 들었다. 2010년 구제역 매몰 업무에 투입되고 나서는 사람에게 복을 준다는 '돼지꿈'도 함부로 꾸지 못했다.

직장 내에서의 갈등, 무능한 상사와의 마찰 등 조직 내부의 문제는 여느 직장과 마찬가지로 공무원들에게도 스트레스 요인이다. 지방 공무원으로서 중앙기관과의 협력 과정에서 소외감을 느끼는 경우도 있다. 2010년 '4대강 살리기 사업' 당시 지방 공무원들은 공로를 제대로 인정받지 못했다.

민원인의 위협과 갈등도 많다. 공무원 업무 중에는 민원인의 과격한 항의로 인해 신변의 위협을 느끼는 경우가 많다. '가만두지 않겠다'거나 '차로 밀어 버리겠다'는 위협을 받으며 밤잠을 설친 적도 있다. 두렵지만 극복해 나가야 할 부분이다.

공무원이란 직업은 국가와 시민 사이에서 중요한 다리 역할을 하며 안정성과 보람을 동시에 얻을 수 있는 직업이다. 하지만 그 과정에서 겪는 다양한 어려움은 공무원의 현실을 어둡게 하는 게 사실이다. 이러한 점을 이해하고 공무원들이 보다 나은 환경에서 일할 수 있도록 해 주어야 하지 않을까. 공무원 자신도 공무원으로서 사명감을 유지하며 지속적인 자기 개발을 통해 더 나은 공공 서비스를 제공하기 위해 노력해야 할 것이다.

내가 다른 사람보다 늦게 가는 이유

여주에 근무하면서 내가 한 일 중에 가장 기억에 남는 일이 두 가지 있다. 하나는 민간 단체와 협력해서 여주 '여강길'을 전국의 7대 이야기가 있는 문화 생태 탐방로로 만든 것이고, 다른 하나는 경기도와 힘을 합쳐 여주에 '특급 호텔'을 유치한 것이다. 당시 일은 힘들었지만 여주를 위해 무엇인가 해냈다는 성취감이 있었다. 한편에서는 일의 성패와 상관없이 자신과 다르다고 해서 다르게 말하는 사람들도 있었다. 그리고 그렇게 말하는 사람들 때문에 내가 한 일에 대한 공은 사라졌다. 여주 여강길을 만든 공은 '군자금 제공설'에 묻혔고, 특급 호텔을 유치한 공은 한 관련 공무원의 소신에 희석되었다.

'군자금'이란 말은 요즘은 듣기 힘든 말이다. 국어사전에서 찾아보니 '군대의 운영과 군사 행동에 필요한 자금'이라고 정의되어 있다. 일제 강점기 독립군이 나오는 영화에서나 쓰는 말로 50-60대 사람들이나 알아들을 수 있는 말이다. 그 말을 좋지 않은 의미로 빗대어 나에게 하는 말을 듣게 될 줄이야. 2009년 '4대강 살리기 사업' 추진 초기에 자치행정과장은 질책하듯 말했다. 여주 '여강길'을 만들고 있는 문화관광과 팀장과 담당자는 4대강을 반대하는 사람들에게 군자금을 대주는 꼴이라고.

당시 추 팀장과 나는 문화관광과 관광홍보팀에서 근무하면서
문화체육관광부가 진행하는 '전국 7대 이야기가 있는 문화 생태
탐방로 공모 사업'에 여주 '여강길'을 응모해서 선정되었고, 후속
사업으로 여강길 정비 사업, 스토리텔링 작업, 여강길 걷기 대회,
거점 마을 편의 시설 설치 등을 의욕적으로 추진 중이었다. 들어간
사업비가 2억3천만 원 정도였다. 여주 여강길 사업은 당시 여주군
환경운동연합이 주축이 되어 진행했는데 이들 중 일부가 '4대강
살리기 반대 운동'을 하고 있었다. '군자금' 운운하는 그 말은 여주
여강길 사업비가 그들의 활동 자금으로 쓰인다고 본 것이었다.

나는 여주 '여강길'을 명품길로 만들기 위해 환경 단체와 많은
만남을 갖고 고민도 많이 했다. 그 결과로 여주를 대표하는 명품
관광 자원을 만들기 위해서 여주군과 환경운동연합이 하나가
되기로 했던 것이다. '여강길'이 강길이다 보니 물을 상징하는
수요일에 미팅을 했고, 이 사업을 말아먹지 않으려고 식사를 할
때는 국도 먹지 않을 정도였다. 이렇게 많은 노력을 기울였는데
정작 듣게 된 말은 칭찬이 아니라 질책이었다. 함께 하는 환경 단체
사람 일부가 '4대강 살리기 반대 운동'을 한다고 해서 사업을
추진하는 담당 팀장과 담당자를 적에게 '군자금'이나 제공하는
배신자로 만든 것이다. 하물며 이 같은 발언을 한 사람은
인사부서의 책임자다. 이 말을 들은 인사 담당자는 과장의
이야기를 수첩에 그대로 적어두고 나중에라도 반영하지는 않을까.

이것이 내가 다른 사람보다 늦게 가는 이유일까.

2024년에 나는 제자리를 못 찾고 돌고 돌다가 청소 업무를
담당하는 팀장으로 발령이 나서 근무했다. 어느 날, 전 국장에게서
전화가 왔다. 폐기물 처리와 주변 정리에 대한 내용이었다.
청소팀장인 내가 엄청 신경을 써서 관리를 해야 하겠지만
장담하건대 여주시 전 구역을 놓고 보더라도 전 국장이 말한
지역은 3대 취약지였다. 그래서 솔직하게 말했다. 신경을 쓰긴
하겠지만 워낙 어려운 지역이니 급하게는 못하고 서서히
개선하겠다고. 전화를 끊고 나니 뭔지 모를 서운함이 밀려들었다.
도대체 나를 어떻게 생각하길래 이렇게 편하게 전화를 할까.

전 국장은 2009년 문화관광과에서 경기도와 여주군이 '특급 호텔
유치'를 추진했을 때 회계과 공유재산팀장이었다. 당시 호텔
건립을 추진하는 업체는 호텔 부지의 반을 확보한 상태로 나머지
반인 공유지를 여주군로부터 매입해야 했다. 호텔 건립을 위해
필요한 여주군 소유로 된 공유지를 관리하는 공유재산팀에서
토지를 매각하는 데 협조해 줘야 사업을 추진할 수가 있는
상황이었다. 그때 공유재산팀은 입찰로 매각하겠다고 강경한
입장이었다.

입찰로 매각하게 되면 이미 건립을 추진하고 있는 업체가 아닌

제3자가 낙찰받을 수도 있다. 그 제3자가 특급 호텔 건립 사업의
취지며 진행 상황을 십분 이해해서 순순히 건립을 추진하고 있는
업체에게 토지를 내주겠는가. 오히려 고가에 매입하라고
제안하거나 소유권을 주장하면서 일명 '알박기'를 할 수도 있다.
아무래도 호텔 건립에 큰 차질이 예상되는 일이었다. 맡은 바
소신을 지키는 것도 좋지만 융통성이 필요한 때였다. 우리 팀
담당자가 한 달 동안 수차례나 찾아가 협조를 요청했는데도
꼼짝하지 않았다. 급기야 과장은 나에게 방법을 찾으라고
지시했다.

경기도청에 자문을 구하니, 관광진흥법에 따라 수의 계약으로
매각이 가능하다는 답을 들을 수 있었다. 경기도청 자문 덕분에
공유지를 호텔 건립 업체에 매각할 수 있었고 사업은 차질없이
진행되었다. 그때부터 회계과 공유재산팀은 배제하고 일이
진행되었다. 공유재산팀의 의견은 중요하지 않았고 결과적으로는
일을 방해하는 걸림돌이었다. 몇 달 뒤에 회계과에 볼일이 있어
갔는데 공유재산팀장이 나를 따로 불렀다. 창가에 기대서서 잠시
뜸을 들이던 공유재산팀장은 자신은 아직도 입찰이 옳다고 본다고
말했다. 순간 당황해서 '네'라고 대답했다. 그때 죄송하다고
사과라도 해야 했을까.

입찰을 주장한 공유재산팀장은 수의 계약으로 호텔 건립 업체에

특혜를 준다고 생각했던 것일까. 호텔을 건립하는 데는 천억 원 상당의 자금이 소요된다. 돈이 있다고 되는 것도 아니고 땅이 있다고 되는 것도 아니다. 그렇게 쉽다면 어찌 2009년까지 경기도에는 특급 호텔이 하나도 없었을까. 특급 호텔 유치는 경기도지사가 3대 선거 공약으로 내건 사업이기도 했다. 나중에 공유재산팀장은 인사과장을 거쳐 국장으로 승진했다. 그런 국장의 소신을 그르쳤으니. 이것이 내가 다른 사람보다 늦게 가는 또 다른 이유일까.

그러나 저러나 나는 아직도 내가 옳았다고 믿는다.

함께 걸어온 우리 삶의 이야기

가수 김태정이 부른 〈사랑이야기〉는 흔한 멜로디나 진부한 가사가
아니어서 참으로 신선하게 다가왔다. 자연스럽게 고등학교 시절
자주 들었던 가수 양희은이 부른 〈아름다운 것들〉이 떠오르기도
했다.

〈사랑이야기〉는 조운파 선생이 작사하고 작곡한 곡이다. 노랫말이
무척 인상 깊어서 알아보니, 그는 '제2회 MBC 가요대상 작사상'과
'한국노랫말대상 전통가요 노랫말상'을 받은 문인이었다. 대개
노랫말을 짓고 곡을 붙인 뒤 그에 어울리는 가수를 찾아 노래를
완성한다는데 이 노래가 담백하고 따뜻한 목소리를 가진 김태정과
만난 것은 천운이라 느껴질 만큼 더없이 잘 어울렸다.

이 노래는 4절 구조로 사람의 만남과 삶을 봄, 여름, 가을, 겨울
사계절로 풀어낸다. 담담하면서도 서정적인 표현이 인상적인 한
편의 시이자 마음을 울리는 아름다운 이야기다. 멜로디는 이
노랫말을 온전히 품어 주고, 목소리는 이야기에 생명력을 불어
넣는다. 이 노래를 듣는 순간 만큼은 세상이 멈춘다.

2024년 봄, 딸의 결혼식 전날 밤에 나는 묘한 공허감이 밀려와
어찌할 바를 몰랐다. 나도 아내도 모두 딸의 결혼식 전날을 맞아

보긴 처음이었다. 자식을 보내는 부모로서의 감정이 처음이라
낯설고 복잡했다. 나는 스마트폰으로 유튜브를 뒤적이다가
〈사랑이야기〉를 찾아서 들었다.

그야말로 우리의 분위기와 너무 잘 어울리는 노래였다. 딸을 낳고
키우며 지나온 날들이 스쳐지나갔고 그런대로 마음이 진정되었다
30년이라는 긴 시간들이 짧은 노래 안에 고스란히 담겨 있었다.
사랑하고 결혼해서 자녀를 키운 부모라면 누구나 충분히 이해할 수
있는 깊은 공감이 있었다. 노래 하나가 이렇게 깊은 위로가 되다니.
말로는 설명하기 어려운 마음을 한 편의 노래가 대신해 주다니.

그날 나는 이 노래를 통해 딸을 보내는 마음을 다잡았고, 아내와
함께 지나온 시간에 고마움을 느꼈다. 그리고 다시 한 번 함께
걸어온 우리 삶의 이야기가 얼마나 귀하고 아름다운 지를
깨달았다.

　봄이 가고 여름 가고 가을도 가고
　한겨울날 저 산 위에 눈이 쌓이듯
　지난 날 신랑 각시 머리 위에도
　새록새록 남몰래
　눈이 내리고 눈이 내리고

태어난 아이가 어른이 되도록
둘이는 한결같은 참사랑으로
잡아 주고 받들며 살았답니다
살았답니다

30년 전에 시작된 우리의 이야기
하필이면 엘리베이터 교체 공사를 할 줄이야
여주시 교통 정책의 현주소
모른다는 것은 아직 알 기회가 있다는 것이다
불편한 사무실
열정보다 무능력이 더 유리하다고
지금도 아내는 내가 무슨 말을 하면 믿는다
처음부터 불친절한 공무원은 없다
기본만 제대로 지키면 될 일이다
인연은 돌고 돌아오는 것이다

30년 전에 시작된 우리의 이야기

얼마만큼 시간을 함께 해야 마음을 나누는 친구라고 할 수 있을까.
나에게는 같은 대학을 나와 현재까지 연락하고 지내는 동창생이 몇
있다. 대학을 졸업한 뒤로 30여 년 동안 만난 횟수는 대여섯 번
정도지만 나름대로 끈끈한 인연을 이어오고 있다.

나는 여주 출신으로 청주대학교 행정학과를 다녔다. 당시 나와
하숙집 룸메이트가 된 친구는 영월 출신으로 같은 학교
지리학과였다. 이름은 이창환. 그 친구를 통해 다른 두 명의
지리학과 친구도 알게 되었다. 연천 출신 이창림과 포항 출신
이창호였다. 얼핏 보면 이름이 비슷해서 친족일 거라고 생각할
수도 있지만 지역도 다 달랐고 같은 학교 지리학과라는 것 말고는
접점이 없었다. 그 친구들과는 학교 다니면서 자주 봤지만
술자리는 한두 번이 전부였다.

졸업한 지 몇 년이 지났을 때였다. 연천 출신 친구 이창림한테서
전화가 왔다. 결혼식을 한다고 했다. 결혼식장은 의정부였다. 나는
조금 서둘러서 아침 일찍 출발했다. 서울 강남 고속버스 터미널에
도착할 때부터 눈이 오기 시작했다. 지하철을 타고 의정부에
도착해서 신랑을 만났는데 이미 예식 시간이 다 되었을 때였다.
그때까지 도착한 친구는 나 혼자였다. 고향 친구들과 다른 대학

동기들도 오기로 했다는데 아침부터 내린 눈으로 다들 연착한다고 했다. 결혼식을 시작해야 하는데 사회를 볼 사람이 없었다. 급하게 주례 서는 교수의 인적 사항을 확인해서 내가 사회를 보게 되었다. 한참이 지나서야 신랑 친구들이 속속 도착했다. 그렇게 의도치 않게 결혼식에서 친구 노릇 톡톡히 하고 여주로 돌아왔다.

그 뒤로 연락이 온 친구는 하숙집 룸메이트였던 영월 출신 이창환이었다. 마찬가지로 결혼을 한다고 전화한 것이었다. 그는 영월에 살고 있었고 결혼식장도 영월이었다. 마침 먼저 결혼한 연천 출신 이창림이 자신의 부인과 여주로 오겠다고 해서 함께 결혼식장에 가기로 했다. 결혼식 당일에 여주에서 이창림 부부를 만나 영월로 향했다. 그리고 결혼식에 참석하고 무사히 여주로 돌아왔다. 의정부로 돌아가는 이창림 부부와는 터미널에서 배웅하고 헤어졌다.

여기까지가 1990년대 30대 중반의 일이다. 그 뒤로는 서로 멀리서 전화로만 안부를 전하곤 했다. 각자 사는 데도 멀었고 생활은 분주했다.

2016년, 의정부에 사는 친구 이창림이 어머니 팔순 잔치를 한다고 오라고 했다. 마침 영월에 사는 친구 이창환이 지나는 길에 여주에 들러서 나와 같이 의정부로 갔다. 팔순 잔치에 참석한 축하객이 많았다. 이번에는 지리학과의 다른 친구가 한 명 더 참석했는데 제천에서 경찰 공무원으로 일하는 친구였다. 영월에 사는 이창환과는 고등학교 동창이기도 했다. 식사를 마치고 나오면서 헤어지기 전에 차라도 마시자고 근처에 있는 찻집에 들렀다. 나와 하숙집 룸메이트였던 이창환이 재미있는 이야기를 했다. 이창림 어머니 팔순 잔치에 있던 네 사람이 20여 년 전 영월에서 있었던 자신의 결혼식장에 함께 있었단다. 우연이라고 해도 너무 공교로웠다. 20여 년 전의 축하 자리에 있던 사람들이 20여 년 뒤에 다른 장소에서 똑같이 다시 만나다니. 이것은 하나의 전통과 같이 여겨졌다.

제천에서 경찰 공무원으로 일하는 친구와 헤어져 여주로 내려오는 차 안에서 이창환이 또 재미있는 이야기를 했다. 자기가 아는 친구 중에 꿈을 이룬 친구는 한 명밖에 없는 것 같단다. 그게 누구냐고 물으니 고속버스 기사로 일하는 포항 출신 친구 이창호란다. 옛날 기억이 났다. 그 친구 이창호는 학교 다닐 때 우리 하숙방에 놀러오면 늘 하던 이야기가 있었다. 졸업하면 버스 기사를 하겠다고. 고속버스 기사가 되어서 자기 고향인 포항에서 서울까지 오가는 것이 꿈이라고. 이창호는 어릴 적에 보았던 선글라스를 쓴 고속버스 기사가 그렇게 멋있어 보였단다. 그러던 그 친구가 진짜 고속버스 기사가 되었고 회사에서 위치가 '넘버 쓰리'란다.

대학 때 이창호는 밴드 활동도 해서 건반을 담당했는데 강변가요제에도 나갔었다. 자신의 꿈이 분명하고 꽤나 활동적인 친구였다. 그때 이창호와 같이 활동했던 보컬이 '박윤경'이라는 가수다. 가끔 텔레비전에 나오는 것을 본 적이 있었다. 고속버스 기사를 하기 위해서는 시내버스부터 경력을 쌓아야 한단다. 꿈을 이루기 위해 이창호는 김포에서 시내버스부터 운행했단다. 그렇게 경력을 쌓아서 고속버스 기사가 되었단다. 지금도 포항과 서울 구간을 운행한단다. 듣고 보니 꿈을 이룬 진정한 승자였다.

시간이 조금 더 지나 이제는 50대 중반이 되었다. 3년 전 코로나 펜데믹이 한창일 때, 의정부에 사는 친구 이창림으로부터 연락이 왔다. 딸이 결혼식을 한다고 했다. 영월에서 출발한 친구 이창환과 둘이 가서 축하를 해 주고 왔다. 그리고 2년 전에는 영월에 사는 친구 이창환의 아버지가 돌아가셨다는 소식을 들었다. 그 뒤로도 가끔 이창환한테서 전화가 왔다. 여주를 지나가는 길이라고. 그냥 지나다 생각이 나서 전화했다고.

2024년 봄, 이번에는 내가 우리 딸이 결혼식을 한다고 알렸다. 모바일 청첩장을 보냈더니 의정부에 사는 친구 이창림에게서 먼저 연락이 왔다. 3년 전 결혼한 딸이 인도네시아에서 사는데 출산을 하게 되어서 가 봐야 한다고. 공교롭게도 우리 딸이 결혼식을 하는 날에 출국한다고. 서운한 일이지만 할아버지 된 것을 축하하며 잘

다녀오라고 했다. 그렇게 전화를 끊었는데 곧바로 다시 전화가
왔다. 다시 확인해 보니 출국일이 일요일이어서 결혼식에 참석할 수
있을 것 같다고. 그날 보자고. 그렇게 30년 전통이 지켜지게
되었다.

1992년 대학을 졸업한 뒤에 난 여주에서 지방 공무원이 되었고
30년이 지났다. 나와 하숙집 룸메이트였던 이창환은 현재 아파트
분양 회사에서 근무하고 있다. 다른 친구 이창림은 공중전화
주식회사를 다니다가 퇴직한 뒤 지금은 안전 관리 전문 기관을
운영하고 있다. 나중에 근황을 전해 들은 친구 이창호는 포항을
오가는 고속버스 기사로 근무하고 있다.

오랜만에 만나도 어제 본 것 같이 반가운 친구들이 있다. 가끔
스치는 인연처럼 만나도 그 친구들은 언제나 내게 깊은 울림을
준다. 꿈을 이루기 위해 묵묵히 걸어 온 친구들을 보며 나 또한 내
삶을 돌아보고 힘을 얻게 된다. 시간이 흘러도 변치 않는
우정이야말로 우리 인생에서 가장 큰 선물 아닐까. 30년 전에
시작된 우리의 이야기는 내 나이 예순을 바라보는 지금도 이어지고
있다.

하필이면 엘리베이터 교체 공사를 할 줄이야

나에게는 어려서부터 알고 지낸 고마운 선배가 있다. 묵묵히
옆에서 도와주고 응원해 준 그 선배 덕분에 내가 이렇게 성장할 수
있었다고 해도 과언은 아니다. 나는 그 선배에 대해 고마움을
느끼는 것은 물론이고 남을 도와줄 때는 어떻게 해야 하는지도
알게 되었다.

중학교 3학년 때 나는 친구를 통해 그 선배를 알게 되었다. 그때 그
선배는 다섯 살이 많았는데 우리 친구들은 그 선배 친구들과도
알고 지냈다. 길에서 만나면 선배들은 우리에게 '사고 치지 말고
일찍들 들어가라' 며 아는 체했다. 선배들이 보기에 우리는 고작
보살펴야 할 꼬맹이들에 불과했다.

그 선배와는 군대를 다녀온 뒤로도 가끔가다 만나기도 했었다.
대학을 마치고 공무원 생활을 하면서는 그러지 못했는데 서로
무엇을 하고 사는지 정도는 알고 있었다. 그러다 내가 어려움에
닥쳐 부탁을 하고자 그 선배를 찾아갔고, 그렇게 시작한 일은
마무리 짓기까지 6개월 정도나 걸렸다. 선배는 아무런 조건도 없이
나를 도와 주었다. 운전이 서툰 나를 데리고 자신의 차로 서울까지
오간 것이다.

그 선배와 나는 같은 점이 하나 있었다. 포기를 몰랐다. 오늘 올라가서 거절을 당하고 내려오더라도 다음 날 아무 일도 없었던 것처럼 다시 퇴근 시간에 만나 서울로 올라갔다. 부탁을 들어 줄 사람이 승락할 때까지 포기하지 않았다. 서울에 가서는 특별히 한 일도 없었다. 왔다는 사실을 알리고 두 시간 가량 있다가 내려오는 것이 전부였다. 부탁을 들어 줄 건축사무실의 전무도 6개월쯤 되니까 결국 두 손을 들었다. 그 전무가 방법을 알려 주어서 시작할 수 있는 계기가 되었다. 내 인생에서 일이 될 때까지 몇 개월을 대든 것은 그때가 처음이었다.

아마 나 혼자서 하라고 했으면 처음에 포기했을 것이다. 그 선배가 어린 동생을 불쌍히 여겨 같이 움직여 주었으니 해낼 수 있었던 것이다. 그 일로 인해 난 목표로 하는 것을 시작하게 되었다. 어렵게 잡은 기회여서 최선을 다해서 준비했지만 오래 가지는 못했다. 나중에 건설회사가 부도가 나면서 내가 힘들게 되고, 선배는 다른 일로 여주를 떠나게 되면서 서로 연락이 끊어졌다. 그러나 그 선배는 내 인생에서 그렇게 아무렇지도 않게 헤어져서는 안 되는 중요한 사람이었다. 되돌아보면 많이 아쉬운 부분이다.

그로부터 10여 년이 지나 2023년에 나는 여흥동사무소로 발령이 났고, 우연한 기회에 그 선배의 아버지와 통화를 하게 되었다. 내 소개를 하고 그간의 고마운 사연을 간략하게 알리고 나서 선배의 연락처를 받았다. 다행히 그 선배와 다시 연락하게 된 것이다. 오랜 시간이 지났지만 그 선배는 내 전화를 반갑게 받아 주었고, 여주에 오게 되면 만나기로 했다. 그렇게 그해 여름의 끝에 여주를 찾은 그 선배와 만나 생맥주를 나누게 되었다. 서로의 안부를 묻고 서로 무사하다는 것에 감사했다. 그간의 일을 이야기하면서 선배 덕분에 이렇게 살고 있다고 솔직한 마음을 전했다. 멀리 있어 자주 보지는 못하더라도 일이 있을 때는 보자며 선배는 화답했다. 나는 혹시 몰라 선배의 인천 집주소를 받아 놓았다.

선배에게 무엇이라도 보내고 싶은 마음에 집주소를 물어보았던 것이었는데 아무것도 보내지 못하고 그냥 1년이 지나갔다. 올 추석에도 바빠서 햅쌀을 선물할 시기를 놓치고 말았다. 어쩔 수 없이 추석이 끝나고 쌀 10킬로그램짜리 두 포를 선배에게 보냈다. 쌀 한 포는 적은 것 같고, 결혼한 딸에게도 줄 수 있게 두 포를 보낸 것이었다. 선물을 보내고 며칠 뒤에 선배에게서 전화가 왔다. 보내 준 쌀을 잘 받았다는 이야기와 두 포씩이나 보내 줘서 고맙다는 이야기였다.

"햅쌀이고 여주쌀 신상품인데 맛이 어떨지 모르겠어요."
"네가 보내 준 것은 다 맛있을 거야."

마침 엘리베이터 교체 공사를 하는 중이어서 계단을 통해 쌀을 옮겼다고 선배는 덧붙였다. 듣고 보니 선배가 그 쌀을 옮기느라 엄청 고생했을 것이었다. 선배가 왜 '쌀 한 포만 보내지 그랬냐' 고 했는지 그제야 알 것도 같았다. 모처럼 보냈더니 일이 또 이렇게 되었다. 하필이면 엘리베이터 교체 공사를 할 줄이야.

여주시 교통 정책의 현주소

2023년 가을, 나는 망막 수술을 해서 한동안 운전을 할 수 없게 되었다. 덕분에 오랜만에 고속버스를 타고 편하게 서울에 있는 병원을 다녔다. 서울 강남 터미널에서 여주행 버스에 올라탔더니 버스 기사가 확인하듯 '여주시로 가는 버스가 아니라 여주 프리미엄 아울렛으로 가는 버스'라고 말했다. 그때 처음 알았다. 여주시와 여주 프리미엄 아울렛이 별도 노선으로 운영된다는 사실을.

10년 전인 2014년 여주시에는 직행버스 노선을 둘러싼 논쟁이 있었다. 당시 경기도는 여주 터미널에서 여주 프리미엄 아울렛을 경유해 서울로 가는 직행버스 노선을 신설했지만 지역 택시 업계와의 갈등으로 인해 승인이 취소되었다. 당시 내가 여주시 택시 업무를 담당하면서 경기도청과 협의한 끝에 지역 경제와 형평성을 고려해 노선 승인을 철회한 것이었다.

2024년, 여주 프리미엄 아울렛과 서울을 오가는 노선이 고속버스로 다시 도입되었다. 여주시와 택시 업계의 이해관계는 여전히 복잡하지만 외국인 관광객 유치를 이유로 국가 차원에서 이를 승인한 것으로 보인다. 이는 지역 경제와 국가적 이익 사이의 충돌을 여실하게 보여 준다.

2024년 여주시에서는 '여주시 택시 통합콜 시스템'을 운영하기 시작했다. 개인택시조합장은 '택시 업계의 숙원 사업이었던 통합콜 출범에 감회가 새롭다'는 인터뷰를 남기기도 했다. 10년 전에 개인택시와 법인택시 간의 이견으로 통합콜 추진이 무산된 바 있었다. 당시 통합콜 시스템 구축비 5억 원과 연간 운영비 2억 원이 막대한 부담으로 작용했고, 결국에는 단골을 많이 확보한 법인택시 업계의 반발로 인해 추진되지 못했다. 택시 통합콜은 해결책일까. 또 다른 논쟁거리일까.

현재 여주시는 통합콜 시스템에 연간 1억5천만 원의 예산을 투입하고 있다. 하지만 택시 기사들은 여전히 '카카오택시' 등 민간 플랫폼에 대한 선호를 이야기하며 '통합콜'의 실효성에 의문을 제기한다. 정부와 지자체의 지원이 지속 가능한가에 대한 논의도 필요한 시점이다.

얼마 전, 택시를 타고 집으로 가는 길에 기사에게 여주시의 새로운 통합콜 시스템에 대해 물어보았다. 기사는 잠시 침묵하다가 쓴웃음을 지으며 입을 열었다.

"기사님, 여주시 택시 통합콜 시스템은 어떤가요? 도움이 되나요?"
"되겠어요? 요즘은 사람들이 다 카카오택시를 쓰잖아요."
"그렇죠. 편리한 게 먼저니까요."

나는 고개를 끄덕이며 동의했다. 택시에서 내리며 요금을 조금 더 주었다. 그날 밤, 내 머릿속에서는 그 대화가 자꾸 재생되었다. 지금의 통합콜 시스템은 과연 지속 가능할까. 택시 기사들의 현실적인 우려가 담긴 이 대화는 여주시 교통 정책의 현주소를 압축적으로 보여 준다. 단순한 의견 교환이 아니라 정책의 실효성에 대한 질문이다.

교통 정책은 단순히 시스템을 도입하거나 새로운 노선을 개설하는 것만이 다가 아니다. 지역 주민과 운송 업계, 더 나아가 전체 지역 경제에 미치는 영향을 종합적으로 고려해야 한다. 과거와 현재를 비교하면서 몇 가지 교훈을 얻을 수 있었다.

교통 정책은 항상 지역 사회의 목소리를 반영해야 한다. 2014년에 여주시가 직행버스 노선을 철회했던 이유는 반발하는 지역 택시 업계와 심도 있게 논의한 결과였다. 당시의 결정은 지역 경제를 보호하기 위한 합리적인 선택이었다.

모든 교통 정책에는 지속 가능성이 담보되어야 한다. 2024년의 통합콜 시스템은 '카카오택시' 같은 민간 플랫폼과의 경쟁에서 우위를 점하기 어렵다. 기술적 통합뿐 아니라 실질적인 운영 효율성을 확보하는 것이 관건이다.

공공성과 수익성도 균형 있게 고려해야 한다. 공공 서비스의 성격을 띠는 택시 통합콜 시스템이라 하더라도 지속 가능한 운영을 위해서는 사용자 부담 원칙이 필요하다. 예산 지원이 장기적으로 지역 사회의 이익에 기여해야 한다는 점을 잊어선 안 된다.

교통 정책은 단순한 행정 업무가 아니라 지역 주민의 삶과 경제에 직접적으로 연결된 복합적인 과제다. 2014년의 결정이 틀리지 않았던 것처럼 지금의 선택 역시 반드시 옳을까. 단정할 수는 없다. 중요한 것은 정책이 변화하는 환경과 지역 사회의 요구에 얼마나 유연하게 대응할 수 있는가이다.

그때는 틀렸고 지금은 맞다? 아니, 그때가 옳았고 지금이 틀렸다? 따질 일 아니다. 미래의 교통 정책은 현실적인 목소리를 경청하며 지속 가능하고 공정한 방향으로 나아가야 할 것이다.

모른다는 것은 아직 알 기회가 있다는 것이다

2024년 6월, 22대 총선을 20여 일 앞두고 '대파' 이야기가
한창이었다. 윤 대통령이 대파 한 단의 가격을 875원이라 했다고
야당의 공세가 대단했다. 대통령이 서민 물가를 몰라도 너무
모른다는 것이었다. 대파가 보통 한 단에 3천 원 정도 하던 때였다.
양배추도 1통에 3천 원 정도인데 비쌀 때는 5천 원 정도까지 오를
때였다. 더 비싸면 수요가 줄어드니까 수요가 꾸준히 많은
채소들은 어느 정도 선에서 오르내리고 있는 것이었다. 이런
물가는 나처럼 매주 마트에 가서 장을 보는 사람이나 그 물건이
필요한 사람만이 알고 있는 사항이지 누구나 알고 있는 것은
아니다. 나도 집에서 아내가 가게를 하니까 눈에 보이는 것일
뿐이다.

1990년대 중반, 여주의 작은 면사무소에서도 이 '대파' 때문에
웃게 된 일이 있었다. 여름에 수해가 나서 직원들에게 수해 피해를
조사하라는 지시가 내려졌다. 피해 조사 사항은 두 가지였다. 논과
밭 등 경작지 피해 내역과 이 피해로 인한 '대파대'였다. 직원들은
저마다 담당 마을을 방문해서 피해를 조사하고 보고했는데 한
직원이 작성한 보고서에는 대파대를 기재할 칸에 이상하게 면적만
적혀 있었다. 수해 피해 조사 담당자는 이게 뭐냐고 물었고 그
보고서를 작성한 직원은 당당하게 대답했다.

"대파대를 조사해 오라고 해서 대파를 심어 피해를 본 면적을 조사해 온 것입니다."
"왜, 다른 파도 있었을 텐데 말야. '쪽파대'는 조사해 오지 않았나."

어이없는 표정으로 돌아서는 담당자의 대꾸에 그만 다들 웃음이 터졌다. 여기서 '대파대(代播代)'는 오랜 가뭄이나 홍수 때문에 파종 시기를 놓치거나 작물의 피해가 발생했을 때 다시 씨를 뿌리는 데 드는 비용을 말한다. 말하자면 대신 파종하는 것을 '대파'라고 하는데 이를 몰랐던 그 직원은 수해 피해를 본 작물 중에 '대파'를 조사해 오라고 한 줄로 안 것이다. 그 직원은 그야말로 열심히 했다. 단지 잘 몰랐을 뿐이다. 잘 모른다는 것이 가져오는 결과는 엉뚱하다. 이 엉뚱한 결과가 웃고 끝날 일이면 좋은데 그렇지 않으면 어떨까.

어린아이부터 어른까지 다들 '나도 안다'는 말을 입에 달고 산다. 정작 모르는 것도 일단 안다고 하고 보는 심사는 자신이 무리에서 뒤떨어지는 것을 급히 경계하는 것이다. 그렇게 모르는 것도 아는 것처럼 사는 일이 우리 주변에는 흔하다. 모르면 모른다고 사실대로 고백하고 그 참에 제대로 알면 되는데 그게 그렇게 어렵다. 자신이 무엇을 모르거나 무엇에 뒤지거나 해서 주목되는 것은 얼굴을 들고 다닐 수 없을 만큼 창피한 일이기 때문이다. 과연 '나도 안다'고 거짓말이라도 하면서 당장을 모면하는 게 나을까.

'가만히 있으면 중간이라도 간다'는 말이 있다. '나도 안다'고
나서지 않고 그저 가만히만 있으면 조용히 지나가서 모면할 수도
있다는 말이다. 과연 그럴까. 그럴 수도 있고 그렇지 않을 수도
있다. 이게 그렇게 조마조마하게 운명에까지 맡길 일일까. 어쩌면
평생 그것을 모르고 살 수도 있겠다. 모른다는 것은 절대 창피한 일
아니다. 모른다는 것은 아직 알 기회가 있다는 것이다.

불편한 사무실

코로나 펜데믹 시기에 발간된 《불편한 편의점》이라는 책이 있다.
흥미롭게도 그 작가는 내가 알고 지내는 홍보팀 직원의
동생이었다. 덕분에 그 책에 더 관심이 갔다. 제목부터
인상적이었다. 어느 날, 그 직원과 그 책에 대해 이야기를 나누던
중에 나는 농담처럼 말했다.

"내가 책을 쓰게 된다면 제목을 《불편한 사무실》이라고 붙일 거야."
"원래 사무실은 불편한 곳이잖아요."

나는 30년 넘게 다니는 직장을 '사무실'이라고 불렀다. 집을 나설
때도 '사무실에 갔다 오겠다'고 말했다. 현대 직장인들에게
사무실은 단순히 업무를 수행하는 공간을 넘어 일상에서 가장 많은
시간을 보내는 곳이다. 그러나 이곳이 불편함의 근원이 될 때
직장인들은 정신적, 신체적 어려움을 겪는다. 그만큼 동료들과 잘
지내는 것이 중요하지만 그것이 말처럼 쉬운 일은 아니다.

사무실에서의 불편함은 어디에서 시작될까. 민원인과의 갈등,
동료와의 불화, 과중한 업무 그리고 불공정한 처우가 그 원인이 될
수 있다. 나는 업무를 수행하며 민원인에게 협박을 받은 경험이
종종 있었다. '찾아가서 차로 밀어 버리겠다'거나 '밤길

조심하라' 는 말을 들었을 때의 공포는 지금도 생생하다. 이런
상황이 반복될 때마다 나와 내 가족은 안전할까 하는 걱정이
머릿속을 떠나지 않는다.

민선 7기에서 추진한 사업이 오해를 낳으면서 나는 시범 케이스로
두드려 맞은 듯한 상황에 처했다. 연말에 징계를 받고 불과 20일
만에 동사무소 팀장으로 전보되는 일이 벌어진 것이다. 이러한
연속적인 충격은 나를 정신적으로 지치게 했다. 경기도 소청 심사
위원회에 청구해서 징계는 취소되었지만 전보 문제와 승진 서열 등
해결되지 않은 부분들이 여전히 남아 있었다. 사무실이 불편하게
느껴지는 이유는 단순히 공간의 문제가 아니다. 이 안에서
벌어지는 인간 관계와 시스템의 문제 때문이다.

사무실은 단순히 불편함만을 주는 곳은 아니다. 30년간의 직장
생활을 돌아보며 깨달은 것은, 함께 일하는 동료들과의 관계가
매우 중요하다는 것이다. 나는 요즘 들어 젊은 직원들과 더 잘
지내려고 노력한다. 함께 일하는 동안 좋은 추억을 만들어야
한다는 생각이 들기 때문이다. 나중에 다시 만날 기회가 있더라도
서로 웃는 얼굴로 볼 수 있다면 그것만으로도 충분히 가치 있는
일이라고 믿는다.

사무실은 때로는 갈등의 공간이지만 동시에 치유와 성장이 가능한

공간이기도 하다. 서로의 이야기에 귀기울이고 공감하며 함께 문제를 해결해 나갈 때, 사무실은 단순한 일터를 넘어 인간적인 유대를 느낄 수 있는 편안한 공간으로 변모할 수 있다. 사무실이 불편할 때마다 나는 이렇게 스스로에게 묻는다.

'내가 이곳을 조금 더 나은 곳으로 만들 수는 없을까.'

이 질문이 바로 우리가 갈등 속에서도 성장할 수 있는 이유가 아닐까.

열정보다 무능력이 더 유리하다고

현대 사회에서 조직과 개인의 성공은 복잡한 요소들에 의해
결정된다. 특히, 어떤 직위로 승진하거나 영향력을 행사하는
방식은 그 사람의 능력과 성과에만 달려 있는 것이 아니다. 이를
설명하는 여러 법칙과 이론이 존재하는데, 로렌스 피터(Laurence J.
Peter)의 '피터의 법칙(Peter Principle)'과 스콧 애덤스(Scott
Raymond Adams)의 '딜버트의 법칙(Dilbert Principle)' 그리고
정치학의 '부정적 선발 이론(negative selection)'이 대표적이다. 이
법칙과 이론 들은 조직 내에서 무능한 직원들이 어떻게 고위직에
오를 수 있는지를 설명하며 우리가 조직을 이해하는 데 새로운
시각을 제공한다.

로렌스 피터는 관료제 조직의 특성을 연구하며 '직원은 자신의
무능력이 드러날 때까지 승진한다'는 '피터의 법칙'을 제안했다.
즉, 직원이 계속해서 승진하다 보면 결국 자신이 감당할 수 없는
직위에 오르게 된다는 것이다. 아무리 능력이 뛰어난 직원일지라도
계속해서 더 높은 책임을 맡다 보면 결국 자신의 한계에 도달하게
된다. 이 한계에서 직원은 더 이상 자신의 역할을 제대로 수행하지
못하게 되고 무능력한 상태로 머물게 된다. 피터의 법칙은 조직의
구조적 문제를 지적하며 능력 있는 사람이 끝없이 승진하는 것이
조직에 항상 이로운 것은 아니라는 점을 강조한다.

스콧 애덤스는 자신의 연재 풍자 만화《딜버트》를 통해 '딜버트의 법칙'을 소개했다. 그는 조직 내에서 열정적이고 능력 있는 직원보다 오히려 무능력한 직원이 더 큰 성공을 거둘 가능성이 높다고 주장한다. 그 이유는 무능력한 직원들이 큰 책임이 필요한 일보다는 상대적으로 부담이 적은 고위직에 배치되거나 더 복잡한 문제를 회피하는 방식으로 보호받기 때문이다. 즉, 조직 내의 정치적 역학과 관계망을 통해 무능력한 사람들이 오히려 더 높은 자리로 올라갈 수 있다는 역설적인 상황이 발생할 수 있다는 것이다.

정치학의 '부정적 선발 이론'도 마찬가지다. 부정적 선발은 조직 내 최고 권력자가 의도적으로 무능한 구성원을 높은 자리에 앉히는 현상을 설명한다. 이는 역선택의 한 형태로, 권력자는 자신의 권력을 유지하기 위해 자신의 능력이나 리더십을 위협하지 않는 인물을 승진시키는 경향이 있다. 이러한 부정적 선발은 조직이 장기적으로 발전하기 어렵게 만들며, 진정한 리더십과 능력 발휘의 기회를 가로막는다는 비판을 받는다.

이러한 법칙과 이론들을 우리나라 공무원 조직에 적용해 보면, 몇 가지 흥미로운 질문이 떠오른다. 공무원 조직은 과연 혁신과 변화를 꺼리는 구조일까? '피터의 법칙'이나 '딜버트의 법칙'처럼 승진이 무능력의 도달점으로 이어질 수 있을까? 우리나라 공무원 조직은 안정성과 계층 구조가 중시되는 특성 때문에 변화를 두려워하는 경향이 있을 수 있다. 그러나 동시에 사회적 요구와 기술의 발전에 맞춰 변화할 필요성도 있다.

개인적인 질문도 던질 수 있다. 나는 조직에서 어떤 유형의 직원인가? 일을 능동적으로 해결하는 직원인가. 아니면 일에 수동적으로 대처만 하는 직원인가. 환경을 극복하고 무엇이라도 이루려는 직원인가. 환경을 탓하고 자신의 입장만 옹호하는 직원인가. 직접 참여해서 주인공이 되려는 열정을 가진 직원인가. 굿이나 보고 떡이나 먹으며 방관하는 무능력한 직원인가.

공무원 조직에 상당히 민감한 질문도 있다. 만약 부정적 선발의 대상이 된다면? 그렇게라도 높은 자리에 앉는 것은 영광이기만 할까. 오히려 '자리가 사람을 만든다'는 말을 철썩같이 믿게 될까. 과연 개인에게 긍정적인 일일까. 아니면 조직 전체의 비극일까. 명령과 복종만 있는 상하 관계에서 자리는 그저 형식적인 것에 불과할까.

이러한 법칙과 이론들 그리고 조직의 현실을 생각해 볼 때, 우리는 조직에서 슬기롭게 생활하는 법을 배울 필요가 있다. 조직의 구조와 역학을 이해하고 자신의 능력을 발휘할 수 있는 자리에 있을 수 있도록 노력해야 한다. 또한, 무능력이 성공의 열쇠가 되는 아이러니를 간파하고 그것이 나에게 어떤 영향을 미칠지 신중하게 생각해야 한다.

조직은 무능력한 사람들로 가득 찬 공간이 되어서는 안 된다. 슬기로운 직장 생활을 위해서는 자신의 능력을 지속적으로 개발하고 주변의 정치적 역학을 잘 파악하면서도 능력 있는 리더가 되기 위한 길을 모색해야 한다.

절대로 오해해서는 안 된다. 열정보다 무능력이 더 유리하다고.

지금도 아내는 내가 무슨 말을 하면 믿는다

2004년, 내 나이 서른일곱에 집안에 몇 가지 일이 생겨 재정적으로 많은 어려움이 있었다. 단적으로 표현을 하면 사는 집까지 경매가 진행 중이었다. 공무원 월급은 뻔해서 1년에 2천만 원밖에 안 되었는데 그나마도 압류되어 50퍼센트밖에 못 받았다. 월급을 받아야 한 달에 100만 원 남짓해서 생활이 될 리가 없었다.

아내는 벌써 몇 년 전부터, 그러니까 2000년부터 새벽에 우유 배달을 했고 낮에는 다른 집 아이를 맡아 돌보고 있었다. 그러다가 맡아 돌보던 아이가 유치원에 가게 되어 아내는 그 일도 그만두게 되었다. 그 무렵 같은 아파트 단지에 사는 아내의 친구가 아파트 입구에 천막을 치고 어묵이며 튀김을 팔자고 제안했다. 8월 15일 광복절 연휴부터 조그만 천막을 하나 치고 어묵이며 튀김을 팔기 시작했다. 장사는 꽤 잘 되었다. 하루 수익이 30만 원 정도 되었다. 그 당시에는 아파트 주위로 식당 등 먹거리를 파는 곳이 없어서 그랬던 것 같다.

서너 달이 지났을 때인가 퇴근해서 집에 오니까 아내가 많이 속상해 하며 이야기했다. 아파트 부녀회장이 보건소에 공무원 마누라가 불법으로 어묵이며 튀김을 팔고 있다고 신고를 해서 직원들이 왔다갔단다. 꽤나 잘 되던 것을 못하게 되니 많이 속상한 모양이었다. 불법인지 몰라서 그 짓을 했겠는가. 당장 먹고 살기가 힘드니 시작한 거지. 어쩔 수 없이 장사를 중단해야 하는데 같이 하던 아내 친구가 엎친 데 덮친 격으로 염장을 질렀다. 공무원 가족인 아내만 빠지고 자기 혼자 계속하면 어떻겠냐고 했다는 것이다. 보건소에서 그냥 놔둘 리도 없으니 서로 인상 붉히지 말고 여기서 중단하자고 만류했다. 천막은 아내 친구가 가지고 가는 것으로 마무리 지었다. 아내 친구의 친정이 시골이라 이래저래 쓸모가 있을 것이었다.

내가 경제적으로 무능력해서 아내가 험한 일을 하다가 듣지 말아야 할 소리까지 듣게 된 것이라 마음이 편치 않았다. 그래서 위로한답시고 호언장담하고 말았다.

"그 자리에 반드시 건물을 지어 남한테 험한 말 듣지 않고 장사할 수 있게 해 줄게."

나는 약속을 지키려고 인근에 적당한 토지를 찾아보았다. 아내가 천막을 치고 장사하던 곳 바로 옆에 45평짜리 조그만 토지가 있었다. 소유자를 알아보니 건설 회사였다. 아파트 진입로를 조성하고 남은 자투리땅이었다. 그 건설 회사에 매수 의향서를 제출하고 몇 번의 접촉을 했는데 예상했던 대로 쉽지 않았다. 그렇게 2년간을 그 토지에 매달렸다.

마침내 2006년에 건설 회사가 매각하기로 결정해서 토지를 인수한 뒤 토지 등기를 아내에게 보여 주었다. 아내는 몹시 기뻐했다.

"내가 한다고 하면 지키는 사람이니까. 건축은 조금만 기다려."

그로부터 5년 뒤인 2011년에 작은 건물을 지었고, 아내는 지금까지 10년이 넘게 분식점을 운영하며 '사장놀이'를 하고 있다. 사장놀이는 이런 거다. 가게에 찾아온 손님이 가겟세가 얼마나 되느냐고 물으면 아내는 당당하게 세를 안 낸다고 답한단다. 그 손님이 건물주냐고 뒤늦게 알아보면 그게 그렇게 뿌듯하더란다. 그게 아내가 힘든 것을 이겨 내는 동력이 되는 것 같았다.

이렇게 되기까지 쉽지는 않았다. 아내에게 건물을 지어 주는 것이 그렇게 호락호락하지 않았다. 해당 토지는 당초에 농지로 관리 지역이었다. 그러나 하필이면 그 무렵 농지법이 개정되어 관리 지역에는 음식점을 건축할 수 없게 되었다. 아니, 건축은 할 수 있지만 식당으로 사용할 수 없었다. 토지 등기를 하고 나서 일주일이 지나고 농지법이 바뀌었다. 사실 등기를 마치고 얼마 동안은 농지법이 개정된 줄도 몰랐다. 나중에 알고 나서 얼마나 황당했는지. 그렇다고 가만히 있을 수는 없었다. 지역의 특성을 파악해서 '농업 진흥 지역 해제'를 추진해야 했다. 다행히 주변 여건은 아파트를 건축하고 남는 땅들이어서 해제 요건은 갖추었다.

해당 지역이 하천이나 큰 도로에 닿아 있어 농림 지역과 분리되어
있어야 해제를 추진할 수 있었다. 농업 진흥 지역 해제 신청서를
작성해서 인근 토지주들을 찾아다니며 설명을 하고 동의서를
받았다. 그때까지는 무엇이 어떻게 좋아지는 줄 모르고 단지
사기는 아닌가 보다 하는 입장으로 동의를 해 준 것이었다.

사람들이 몰라서 그렇지 '농업 진흥 지역 해제'는 일반 아파트
허가 받는 것과 마찬가지로 힘이 들고 수수료도 개인당 300만 원
정도를 내야 할 수 있는 일이었다. 신청서를 가지고 시청 민원과를
찾아가니 농지 담당자가 안 된다고 했다. 다시 돌아와서
〈경기도보〉를 열람하기 시작했다. 국가와 지방 자치 단체에서
추진하는 '고시'는 관보에 게재하게 되어 있었다. 국가에서
발행하는 것은 '관보'이고 경기도와 같은 광역 지자체에서
발행하는 것은 '도보'인 것이다. 농업 진흥 지역 해제는 '도보'에
고시하게 되어 있었다.

〈경기도보〉를 보면 여태까지 경기도 31개 시군에서 농업 진흥
지역 해제된 것 중 내가 해제하려는 지역과 유사한 것이 있는지
찾을 수 있을 것이었다. '고시'에는 관련 도면까지 나온다. 그렇게
며칠간 〈경기도보〉를 검색하다가 파주시에서 거의 유사한 지역을
찾게 되었다. 그 문서를 출력해서 다시 농지부서를 찾아갔다.
신청서를 다시 내밀고 보충 설명을 하려고 서류 봉투를 열려고

하는데 담당자가 됐다고 제지하면서 신청서를 경기도에
제출하겠다고 받아 주었다.

담당자는 아파트를 신축할 지역에 지구 단위 계획을 수립해서 농업
진흥 지역 해제를 신청하는 것은 봤지만 개인이 신청하는 것은
처음이라 안 된다고 했던 것이었다. 내가 다녀간 뒤에 법령을
찾아보고 가능하다는 것을 미리 알았던 모양이었다. 나중에
담당자에게 들은 이야기인데 절차가 그리 간단하지가 않았단다.
경기도에 제출하니까 경기도 담당자가 농림부에 제출하면서 당시
여주군 담당자에게 농림부에 같이 가서 직접 브리핑하라고 했단다.
농업 진흥 지역 해제는 농림부에서 최종 승인한다. 그렇게 농업
진흥 지역 해제가 이루어졌다. 그 어렵다는 일을 해낸 것이었다.
측량 회사를 운영하는 선배는 아파트 신축 허가보다 힘든 일이라고
했다.

내 조그만 토지 하나 농업 진흥 지역을 해제하려고 이렇게 고생한
것이지만 주위 토지 소유자들은 그 덕에 좋은 입장이 되었다. 다 내
덕인 줄 조금이라도 알아줬으면 좋겠다고 웃자고 하는 이야기다.
이런 경우가 공무원을 그렇게 욕하면서도 가까이 지내면 좋은
이유다. 개발 계획이 있는 곳의 내부 자료를 이용해서 투자하면
범죄 행위지만 이런 경우와 같이 자연스럽게 발생한 일을 해결하면
민원을 해결해 주는 순기능인 것이다.

아무튼 그 어려운 일을 해내고 나니 기다렸다는 듯이 다른 일이 발목을 잡았다. 군수가 바뀌면서 '관리 지역 세분화'를 미루라고 했단다. 관리 지역은 최종적으로 계획 관리 지역으로 변경되어야 한다. 농업 진흥 지역이 해제되었기 때문에 군수는 관리 지역을 세분화해서 고시해야 하는데 이를 보류하라고 지시한 것이었다. 정치적인 퍼포먼스 때문인 것이라고 들었는데 이게 또 거의 5년마다 한 번씩 고시하는 것이어서 문제가 되었다. 하루가 급한데 하염없이 미뤄지는 것이었다. 산 넘어 산이었다. 이게 장장 1년 반이 지나서야 고시가 되었다. 하루라도 빨리 음식점을 개업해야 집안 살림이 나아질 텐데 자꾸 늦어지니 이제는 건축할 돈도 없었다. 토지 매입을 협의하는 데 걸린 기간이 2년. 농지법이 바뀌어 농업 진흥 지역을 해제하는 데 또 몇 개월. 관리 지역 세분화 고시를 기다리는데 1년 반. 거의 4년 이상이 걸려 겨우 마무리가 되었다.

지금도 아내는 내가 무슨 말을 하면 믿는다. 일단 말을 하면 지키기 때문이다. 하늘에 있는 별은 아직 못 따준 것 같은데도 말이다. 살아가면서 여러 가지의 일들을 겪는다. 좋은 일도 있지만 나쁜 일도 많다. 사람이 살면서 잠자는 시간을 빼고 남은 시간만 따져 보면 좋은 일로 보내는 시간보다 그렇지 않은 시간이 더 많단다. 용기를 잃지 않고 살아갔으면 하는 바람이다. 얽힌 실타래는 짜증내지 않고 찬찬히 풀다 보면 어느새 풀리기 마련이다. 아무

일도 없던 것과 같을 수는 없지만 그래도 상처는 최소화해서 고비를 넘길 수 있으면 다행이다. 인생은 그리 화려하지 않다. 오히려 고생의 연속이다. 그런데도 뒤돌아보면 그게 그렇게 아름답다. 뿌듯해진다.

처음부터 불친절한 공무원은 없다

친절은 자신이 경험한 만큼의 크기로 드러나게 된다. 맡은 업무에 대해서 많이 알고 있고 경험이 많으면 민원인에게 자세히 알려 줄 수 있고 부드럽게 응대할 수 있다. 이때 민원인은 친절하다고 느낀다. 맡은 업무에 대해서 많이 알지 못하고 경험도 적으면 민원인에게 실수를 할까 봐 경직되기 마련이다. 대체로 단답형으로 대답하고 민원인이 빨리 가기를 바란다. 이때 민원인들은 친절하지 않다고 느낀다. 친절과 불친절은 고작 지식과 경험의 차이다. 지식도 경험의 산물이니 결국 경험이 친절을 좌지우지한다 해도 과언은 아니다.

경험이 많은 선배들이 관심을 갖고 틈틈이 민원인을 응대하는 후배들을 지켜보며 챙기고 안심시킬 때 불친절은 적어진다. 누군가 옆에서 자신을 지켜보는 것은 꽤나 불편한 일인데도 한편으로는 혼자가 아니라고 느끼며 안심하는 것이다. 공무원도 사람인 만큼 보통의 인성은 가지고 있다. 처음부터 불친절한 공무원은 없다. 그냥 성향이 다소 거만하고 위아래도 모르는 공무원이 간혹 있는 것이지 다 그런 것은 아니다.

공무원 친절 교육을 받다 보면 내가 왜 이런 교육을 받아야 하나 하며 불편해 하는 공무원들이 많다. 일부가 불친절한 것이지 대개의 사람들은 평균 이상으로 친절하기 때문이다. 교육의 실적을 따지자면 가장 비효율적이고 도움이 되지 않는 교육이 바로 친절 교육일 것이다. 진짜 불친절한 공무원은 아무리 친절 교육을 받아도 나아지지 않는다.

공무원 친절 교육 강사로는 항공사에 근무했던 사람들이나 금융권에 근무했던 사람들이 주로 오는데 아무래도 그들은 공무원과는 거리가 먼 사람들이다. 이런 사람들이 교육하는 것을 들으면 오히려 그들이 공무원 업무를 알기나 하는지, 공무원 생활을 알기나 하는지 궁금해진다.

공무원 친절 교육에서 '일어나서 웃으며 응대하라'고 가르치는데 민원실이란 곳이 정작 그렇게 인사할 여건이 될까 싶다. 내 앞에 민원인이 있고 그 일을 처리하는 중인데 다른 민원인이 온다고 그렇게 응대할 수 있을까. 도무지 현실에 맞지 않는 것이다. 친절도 서로 상황이 맞아야 베풀 수 있다. 친절한 말도 마찬가지다.

"어서 오십시오. 무엇을 도와드릴까요."

이 말은 민원실 입구에서 민원인을 응대하는 도우미 직원이 할 수 있는 인사일 뿐이다. 상황에 따라 다른 응대가 있는 법이다. 전화 응대도 마찬가지다.

"감사합니다. 여주시 아무개입니다. 무엇을 도와드릴까요."

이게 전화 응대의 기본 인사말이다. 아무래도 딱딱하고 어색해서 거리감이 느껴지는데 이게 공무원에게는 친절한 말이다. 우리가 가까운 사람과 통화할 때는 어떤가. 서로 안부를 묻고 마음을 살피는 데 그런 친절이 필요할까. 필요하다면 얼마만큼일까. 과연 그 친절은 어떻게 작용할까.

민원인은 자신의 일이 다 해결되었을 때 만족도가 높아지기 마련이다. 아무리 친절한 말로 응대해도 자신의 일이 해결되지 않으면 민원인은 짜증부터 내고 만다. 이런 때는 친절도 소용없다. 오히려 화를 돋울 수 있는 게 친절이기도 하다. 민원인이 화를 내는 이유를 다들 '불친절'에서 찾는데 사실은 그렇지가 않은 것이다. 어떻게든 일이 잘 해결되어야 화도 사라진다. 맡은 바 업무에 전문성을 갖는 게 더 효과적이라는 것이다.

공무원에게 친절 교육을 지속하면 나아질 것이라는 생각 대신에 더 전문성을 갖추게 하고 사례를 중심으로 대처할 수 있게 하는 교육을 지속하면 어떨까. 이러한 교육은 선후배 간에 늘상 일어나는 일이니 따로 시간과 장소를 마련하고 강사를 초빙하느라 낭비할 것도 없다. 그런 업무 분위기를 조성하고 서로의 열심을 부추기기만 하면 된다. 이로써 선후배 간의 유대도 깊어지게 되고 나아가 공무원이 하나가 되게 하니 공무원 위상에도 크게 기여할 것이다. 그러면서 자연히 경험도 공유하게 되니 이런 현장 교육이야말로 일거다득인 셈이다. 지식과 경험은 민원인의 불만을 줄이는 데 가장 효과적으로 작동한다. 실력이 느는 만큼 자신감도 늘고 여유도 생긴다. 그러면 자연히 친절해진다.

다만, 부작용도 있다. 그렇게 친절해지는 만큼 말도 많아진다.

기본만 제대로 지키면 될 일이다

공정 관리에 '여유일수(Total Float)'라는 개념이 있다. 이는 공정 관리의 핵심 지표로, 일정 내에서 활용 가능한 시간을 의미한다. 난 행정직으로 토목 분야에 문외한이지만 2010년 '4대강 살리기 사업'에 준설토 판매 담당을 하게 되면서 이 여유일수에 관심을 갖게 되었다. 사업 추진 공정에는 '여유일'이 발생하게 되는데 이것의 소유권은 누구에게 있을까. 발주자일까. 계약 상대자일까. 주의할 점은 누구의 소유이든지 독점하면 안 된다는 것이다. 생소한 개념이었지만 오히려 신선했다.

사업 공정표에서 착수일로부터 30일, 60일, 90일 등 일정 계획이 잡히는 것을 흔히 볼 수 있다. 공정에 여유일이 생기면 이를 어떻게 활용하느냐에 따라 사업의 질과 성공 여부가 달라지는데 이는 당시 추진하는 여러 사업에서 발생하는 분쟁들과도 직간접적으로 연관되어 있었다. 나는 '여유일수'를 두 가지 관점에서 볼 필요가 있다고 느꼈다. 하나는 공정표상의 단순한 일정 관리로서의 여유일수이고. 다른 하나는 발주자와 계약 상대자 간 마음속 여지로서의 여유일수다. 후자의 관점에서는 여유일을 독점하지 않고 공유해야 한다는 전제가 포함된다.

내가 진행한 내양 적치장의 준설토 매각은 매각 대금 450억 원,

반출 기간 5년, 농지 복구 기간 1년으로 총 6년의 기간이
주어졌는데 2020년에 예상보다 빨리 반출이 끝날 것으로 보였다.
1년 일찍 농지를 반환하면 1년치 농지 임차료 4억 원을 제공해야
할 상황이었다. 사업자는 복구를 조기 완료하고 벼농사를 지어
수확물을 불우 이웃 돕기에 내놓겠다고 했다. 이는 농지의 복구
상태를 확인할 수 있는 기회가 되고 또 그 뒤로 민원 발생 가능성도
줄일 수 있었다. 이 검토는 계약 상대자와 여유일수를 공유하며
좋은 관계를 유지한 사례라 할 수 있다.

그런데 내가 다른 곳으로 발령이 난 뒤 후임 팀장은 조기 반출이
예상되는 데도 불구하고 그해 마지막 날까지 농지 복구가 완료되지
않으면 1년치 농지 임차료 4억 원을 부과하겠다고 통보했다. 이는
업체의 반출 기간이 아직 1년이나 남아 있는데도 무리한 요구를 한
것이었다. 결과적으로 여유일수 300일이 있었음에도 갈등이
발생하고 말았다. 계약 상대자인 매입 업체와 여주시는 동등한
관계에 있었는데 여유일수를 독점하려는 시도가 문제의
원인이었다. 여주시는 이를 무시하고 '갑'의 위치에서 결정권을
행사하려 했다. 그렇게 300일의 여유일을 독점하려 했던 결과,
분쟁으로 2년이 넘는 기간이 지나갔고, 4억 원의 농지 임차료가
추가로 소요되었다.

이 사례는 기본적인 공정 관리 원칙을 지키지 않았을 때 발생하는

문제를 여실히 보여 준다. 여유일수는 공정의 단순한 시간을 넘어 발주자와 계약 상대자가 신뢰와 협력을 바탕으로 공유해야 하는 자원이다. 이를 독점하려는 시도는 갈등을 초래할 뿐만 아니라 사업의 질을 저하시킨다. 어렵고 복잡한 공정 관리론까지 운운할 필요도 없다. 기본만 제대로 지키면 될 일이다.

인연은 돌고 돌아오는 것이다

2018년 2월 말, 막내 처남이 갑작스럽게 병원에 실려가 폐암
진단을 받았다. 항암 치료를 받던 처남은 여주의 요양 병원으로
옮겨졌다. 병원을 알아보던 중 처음 방문한 병원이 마음에 들지
않아 다른 곳을 찾았고, 처남과 아는 사람의 여동생이 근무하는
병원에서 받아 주겠다고 했다. 소중한 인연 덕분에 처남은 다른
병원에 입원할 수 있었다.

얼마 지나지 않아 처남은 세상을 떠났다. 장례 준비를 하며 병원의
영안실 담당 실장을 만났는데 그는 나를 기억하고 있었다. 그의
딸이 여주로 직장을 옮길 때 내가 도움을 주었던 일을 고맙게
여겼단다. 이처럼 과거에 베푼 작은 도움도 인연이 되어 돌아오는
법이다. 발인 전에 장례비 계산을 마칠 때 그는 할인을 많이 해
주었다며 현금으로 계산한 것이 상사에게도 할 말이 생겨 좋았다고
했다. 나 역시 그를 돕는 마음으로 현금으로 결제를 한 것이었다.
이렇게 사람 사이의 작은 배려와 신뢰는 서로를 돕는 연결고리가
된다.

사람의 인연이란 게 오랜 인연도 있지만 살면서 나도 모르게
맺어지는 새로운 인연도 있다. 인연은 때로 예상치 못한 순간에
우리를 돕고, 우리가 다른 누군가를 돕게 하기도 한다. 그래서

사람을 대할 때는 언제나 성심껏 대해야 한다. 지금 만나는
사람과의 인연이 언젠가 우리 삶에 다시 돌아올 수 있으니까.

이쯤 되면 아예 일본에는 가지 말라는 거지

비광 이 선생

골프가 좋으냐 여행이 좋으냐

진짜 사나이

이제 그 아파트에는 두 집이 남아 있다

대개 문제의 답은 문제 안에 있다

지금에 와서 보면 잘못된 선택이었다

깜깜이 족구

큰아이가 공무원 된 것은 다 내 덕분이다

단속은 약자에게 강하고 강자에게 약하다

착각도 가끔은 쓸 데가 있다

공이 없는 사람으로 살라고

생각할 때마다 웃음 짓게 되는 이유

그게 연륜 아닐까

이쯤 되면 아예 일본에는 가지 말라는 거지

2009년, 나는 경기도에서 주관하는 관광 담당자 교육을 받았다. 마지막 일정이 국외 여행이었는데 당시는 전 세계적으로 금융 위기라 국외 여행이 국내 여행으로 변경되어 추진되었다. 다음 해에도 같은 교육이 있었다. 과장에게 요청했더니 흔쾌히 보내 주어서 교육에 참여하게 되었다. '특급 호텔 유치'에 공이 있다고 보내 주는 것이지만 다른 이유도 있었다. 일전에 과장이 토지를 매각해서 양도세가 3천만 원 가까이 나왔는데 내가 농사 담당의 경험을 살려 감면되도록 도움을 준 적이 있었다. 그해 교육에도 마지막 일정으로 국외 여행이 잡혀 있었다. 유럽 여행과 일본 여행 중 선택할 수 있었고 기간은 9일간이었다. 나는 일본 여행을 선택했고 9명이 한 팀이 되었다. 출발은 5월 29일로 예정되어 있었다. 그런데 웬걸. 5월 7일자로 '한강 살리기 사업' 골재 티에프(TF)팀으로 발령이 나는 바람에 그 여행은 내 후임자가 대신 가게 되었다. 인사 발령을 내더라도 일본 여행을 다녀오고 난 뒤에 해 달라고 그렇게 부탁했는데 꼭 이래야만 했던 걸까. 이것이 일본 여행을 못 가게 된 첫 번째 사연이다.

2017년 5월, 나는 강천면사무소에 근무하고 있었다. 1년간 예산 신속 집행 성과를 평가해서 시상하는데 그 상을 받으면 다음 해에 국외 여행을 갈 수 있었다. 전년도에는 총무팀 회계 담당이 갔으니 이번에는 산업팀에서 가겠노라 공언을 해서 단연 내가 수상자로 선정될 참이었다. 나는 이번 기회에 꼭 일본 여행을 가겠다고 마음 먹고 있었다. 그런데 웬걸. 평소에 문제가 있던 비염 수술을 받고 출근하니 이미 수상자가 다른 사람으로 정해져 있었다. 나는 직원을 조용히 밖으로 불러내서 내막을 들어 보았다. 내가 없는 동안에 나 대신 우리 팀원을 대상자로 변경한 공문이 왔단다. 공문을 받은 서무 담당이 대상자를 누구로 해야 하는지 부면장에게 물었고, 부면장은 면장에게 물었더니 건설 담당자를 선정해서 보내라고 했단다. 부면장은 전년도에 없던 사람도 아닌데 어떻게 그럴 수 있을까. 자기네 팀원이 갈 때는 룰대로 다 하고서는 내가 대상자일 때는 마음대로 변경하다니. 도대체 무슨 심보일까. 엄연히 전년도 유공자가 대상자가 되는 게 신속 집행 계획에 명시되어 있지 않은가. 나이 먹고서 팀원과 다투는 모습을 보이는 것도 모양새가 좋지 않아 애써 화를 눌러 참고 또 참아야 했다. 이것이 일본 여행을 못 가게 된 두 번째 사연이다.

여주시는 '시정 정책 연구 제도'를 운영한다. 서로 마음이 맞는 직원들끼리 팀을 이뤄 5개월간 시정 발전 방안이며 정책을 연구해서 과제를 제출하고 발표하는 것이다. 이를 평가해서 시상하는데 이것이 전국에서 역대 규모다. 1등팀은 1인당 200만 원의 시상금과 10일간 해외 연수를 부상으로 받고, 2등팀은 1인당 120만 원의 시상금과 7일간 해외 연수를 부상으로 받고, 장려팀은

1인당 70만 원의 시상금과 4일간 해외 연수를 부상으로 받는다. 2018년, 해외 연수에 욕심이 생긴 후배 직원의 꾀임에 빠져 팀을 꾸려 참가했는데 운이 좋아 2등을 하게 되었다. 우리가 선택할 수 있었던 해외 연수 지역은 동남아시아와 일본, 대만 정도였다. 다들 그래도 선진국인 일본으로 가자고 해서 북해도행을 계획하게 되었다. 여행사 하는 친구에게 10월에 가는 것으로 일정을 짜 달라고 했는데 내용이 좋아 몹시 기대가 되었다. 그런데 웬걸. 다음 날 아침 일찍 눈을 떠서 텔레비전을 켰더니 일본에 큰 지진이 발생했다는 뉴스가 나오고 있었다. 9월 6일 홋카이도에 진도 7의 강진이 발생했고, 공항을 복구하는 데만 6개월이 소요될 거란다. 홋카이도가 북해도지 아마. 우리는 급히 베트남행으로 변경할 수밖에 없었다. 이것이 일본 여행을 못 가게 된 세 번째 사연이다.

이쯤 되면 아예 일본에는 가지 말라는 거지.

비광 이 선생

우리 아파트 모임은 오랜 기간 함께하다 보니 서로의 경조사까지
챙기는 사이가 되었다. 어느 날, 안성인가 이천인가로 문상을 갔을
때였다. 시간을 보내려고 같이 간 일행끼리 고스톱을 치게 되었다.
7층 선배가 고스톱 진행 순서가 왼쪽이 맞다고, 왼쪽으로 돌아야
한다고 주장했다. 고스톱을 좀 쳐 본 사람은 알겠지만 카드 게임은
왼쪽 시계 방향으로 진행하고 고스톱은 오른쪽 시계 방향 반대로
진행한다. 그래서 고스톱을 역방향이니 왜색이 짙다느니 하면서
부정적으로 말하기도 한다. 다들 이의를 제기하는데 7층 선배는
자신이 맞다고 우겼다. 그렇게 해서 세 번인가를 하자는 대로
진행했는데 아무래도 어색했다. 결국에는 다들 짜증이 나서
그만두게 되었다. 7층 선배는 우기는 것 하나는 참 대단했다.

그로부터 몇 년 뒤, 아파트 모임의 여자들만 1박 2일 여행을 떠나는
바람에 남은 남자들이 한 집에 모이게 되었다. 고스톱이나 치면서
놀자는 것이었다. 그렇게 오랜만에 고스톱을 치게 되었다. 한
사람이 비광을 포함해서 점수가 3점 이상 났다. 광이 세 개인데
비광은 점수로 치지 않으니 광 점수는 2점. 그래도 광이 없는
상대방은 광박을 쓰는 상태였다. 7층 선배가 광이 없어서
광박이었다. 그런데 7층 선배는 비광으로는 광박을 못 씌운다고
하면서 자신은 광박이 아니라고 우겼다. 다른 사람들이 아니라고

해도 한사코 자기가 옳다고 우기는데 두 손 두 발 다 들고 말았다.
이번에도 마찬가지로 고스톱은 그만두고 그냥 술만 먹었다.

그로부터 한참이 지난 뒤, 7층 선배가 30년간 재직한 직장에서
퇴직을 하게 되어 위로하는 자리를 가졌다. 그 자리에서 나는
이렇게 제안했다.

"이제 형님 나이도 60이 넘었으니 '호'라도 가져야 하지 않겠어요.
형님은 스포츠나 고스톱 이런 게임에 능하니 '비광 이 선생'이
어떻겠어요."

7층 선배도 무슨 이야기를 하는지 아는 듯 멋쩍게 웃었다. 나중에
알고 보니 비광 패에 있는 우산 쓴 사람은 실존 인물이란다.
'오노노 도후'라는 서예가로 일본 서도의 기초를 세운 인물이란다.
그가 실력이 늘지 않아 좌절하고 있을 때, 궁지에 빠진 개구리가
포기하지 않고 온 힘을 다해 버드나무 가지를 붙잡는 걸 보고 크게
깨달아 다시 정진하게 되었단다. 비광 패에는 그런 일화가 그려진
것이란다. 또한 운수를 점칠 때 비광은 '귀인'을 뜻한단다. 그러고
보니 다 좋은 뜻이다.

'형님, 웃자고 붙인 호라도 이렇게 좋은 뜻이 있다니 만년에 복
많이 받을 겁니다.'

골프가 좋으냐 여행이 좋으냐

8년 전쯤, 아파트 모임 남자 중에 두 사람이 골프를 치기 시작했다. 한 사람은 개인 사업을 하는 관계로 영업상 손님들을 만나야 하니 골프가 필요하긴 했다. 그리고 다른 한 사람은 내 직장 동료였다. 50대 초반이었으니 나이는 적당했다. 둘은 골프를 치기 시작하면서 짝을 맞추느라 우리 라인 7층 선배와 나를 꼬시기 시작했다. 7층 선배는 평소 골프 치는 사람들은 꼴도 보기 싫다고 말하는 사람이었다. 어쩌다 7층 선배가 둘을 따라 필드에 나가게 되었는데 의외로 너무 잘 쳐서 둘을 곤란하게 했단다. 그렇게 숨겨진 재능을 발견한 7층 선배는 골프를 시작하게 되었다. 지금은 스크린 골프장 랭킹이 전국 상위권이란다.

나는 이런저런 사정도 있고 형편이 어려워 골프는 시작할 엄두도 내지 못하고 있었다. 그렇게 아파트 모임 남자 중 셋이 골프를 치러 다녔다. 이 골프 삼인방이 필드에 나가거나 스크린 골프장에 갔다 오면 나와 같이 저녁을 먹기도 했다. 그날도 골프 삼인방과 저녁을 먹을 때였다. 나는 중대 발표를 했다. 골프를 치지 않는 남자 둘과 다섯 여자들이 함께 여행하는 모임을 만들겠다고. 이름은 '근처산악회' 라고.

그렇게 '근처산악회' 가 시작되었다. 이 일로 나는 아파트 모임

여자들에게서 적극적인 신뢰와 지지를 얻기 시작했다. 이는 내가 아파트 모임 회장으로 선출되는 계기도 되었다. 나중에 골프 삼인방이 하도 끼워 달라고 졸라서 함께하게 되는 바람에 '근처산악회'는 아파트 모임과 다를 게 없는 입장이 되었다.

나는 근처산악회 회원들을 위해 각별하게 배려했다. 이는 다음 여행지를 정할 때 회원들과 함께 가면 좋은 데를 찾는 전략이기도 했다. 다음 여행지는 대개 식사하는 자리에서 정해졌다. 내가 '혹시 부산에 안 가 본 사람' 하고 물으면 진짜 그런 사람이 있어서 다음 여행지를 부산으로 정하고, 내가 '혹시 신혼 여행을 제주도로 가지 않은 사람' 하고 물으면 진짜 그런 사람이 있어서 다음 여행지를 제주도로 정하는 식이었다.

어느 날은 옛 추억을 떠올리고자 기차 여행을 준비하기도 했다. 양동역에서 무궁화호 열차를 타고 강원도 정선군 민둥산역을 다녀오는 낭만 가득한 기차 여행이었다. 민둥산에 올라 하얀 억새 군락을 보며 다들 얼마나 마음이 편해졌는지.

'근처산악회'는 여러 군데 많이 다니기도 했다. 근처뿐만 아니라 멀리까지 다니기도 했다. 사실 어디를 여행하느냐는 그리 중요한 게 아니었다. 정작 중요한 것은 누구와 함께 여행하는가였다.

지금 생각하면 '근처산악회'는 아파트 모임이 더 활발해지는 구실에 불과했다. 골프가 좋으냐 여행이 좋으냐 따질 필요가 있을까. 무엇을 하는지 보다 누구와 함께 하는가가 중요하다.

진짜 사나이

딸인 큰아이가 9살이고, 아들인 작은아이가 7살 때였다. 어느 날 퇴근해서 들은 아내의 이야기가 심상치 않았다. 웃으면서 이야기했지만 사실은 전혀 우습지 않았다. 오히려 걱정스러운 일이었다. 낮에 친구를 따라 놀러 내려갔던 작은아이를 아파트 청소하는 아주머니가 데리고 왔단다. 아이가 1층에서 혼자 엘리베이터를 타지 못해 울고 있더라면서.

청소하는 아주머니 없었으면 어쩔 뻔했을까. 우여곡절 끝에 집에 돌아온 작은아이는 컴퓨터 게임을 한다고 조용히 자기 방으로 들어갔단다. 아마도 쑥스러워서 자리를 피하는 것 같았단다. 잠시 뒤에 모두가 놀라 자빠질 일이 벌어질지 누가 알았을까. 당시 집에는 큰아이 친구도 있었단다.

"사나이로 태어나서 할 일도 많다만 너와 나 나라 지키는 영광에 살았다."

작은아이가 신이 나서 부르는 노랫소리가 들렸단다. 우렁차기도 했단다. 방금 전에 울며 돌아온 그 아이 맞나 싶었단다. 그 소리를 듣고 큰아이며 큰아이 친구는 가만히 있지 않고 방에 대고 한소리했단다.

"야, 너는 사나이도 아니야."

웃어야 할지 울어야 할지 종잡을 수 없는 이야기는 여기서 끝났다. 이것이 내가 집사람에게서 들은 전부다. 같이 내려간 친구가 무엇이 심통이 났는지 먼저 가 버려서 혼자 남은 작은아이는 얼마나 황당했을까. 더구나 혼자 엘리베이터를 타지 못해서 집에도 가지 못하니 얼마나 당황했을까. 결국 울음이 터지고 만 작은아이를 생각하니 정말 황당하기도 하고 당황스럽기도 했다. 군가도 우렁차게 곧잘 부르는 진짜 사나이 체면이 정말 말도 아니었다. 이런 이야기를 듣고 기분이 좋을 일 있겠는가.

"내일부터 아빠하고 특수 훈련을 해야겠다."

나는 작은아이를 불러 놓고 야심차게 말했다. 진짜 사나이를 만들어 볼 작정이었다. 다음 날부터 가족이 총 출동해서 특훈한 결과는 대단했다. 작은아이는 진짜 사나이가 되었다. 군가 〈진짜 사나이〉를 불러도 손색없을 정도로 용감해졌다.

우리집 14층 엘리베이터 앞에는 아내가, 중간인 8층 엘리베이터 앞에는 내가, 1층 엘리베이터 앞에는 큰아이가 서 있기로 했다. 먼저 14층에 있는 아내가 엘리베이터에 작은아이를 태워 보내면 아이는 8층 버튼을 누르고 내려가면서 나를 태워야 한다. 이때 작은아이는 14층에서 8층까지 혼자 내려와야 한다. 가까운 곳에 아빠가 있다는 믿음으로 두려움을 참으면서. 8층에서 1층까지는 내가 같이 내려와 준다. 1층에서 14층까지는 다시 역순으로 실시한다. 두 번의 놀이 같은 특훈이 끝나자 작은아이 얼굴이 한층 밝아졌다.

"무섭지도 않은데."

그로부터 5년이 지나 작은아이가 초등학교 5학년이 되었을 때였다. 현충일이라고 낮에 텔레비전에서 다큐멘터리가 방영되고 있었다. 공수부대가 지리산에서 동계 훈련을 하던 중에 조난을 당해서 몇 명의 군인이 죽는 내용이었다. 그런데 갑자기 다큐멘터리를 함께 보던 작은아이가 우는 게 아닌가. 자기는 크면 절대 군대에 안 가겠다면서. 다음에도 몇 번을 더 그랬다. 군대에 안 가겠다고. 그 다큐멘터리가 그렇게 무서웠을까.

한참이 지난 어느 날, 나는 회식을 하고 거나해져서 집에 들어갔다. 여전히 작은아이가 군대에 안 가겠다고 안달하길래 이렇게 말했더니 안심하고 잠이 들었다.

"아빠가 우리 아들 대신에 군대 한 번 더 갔다올께. 이미 30개월 군대 생활도 했는데 뭐, 걱정하지마."

그렇게 작은아이는 고등학교 졸업할 때까지 아무런 일도 없이 잘 지냈다. 스무살이 되어 징병 신체 검사를 받고 나서는 해군에 지원 입대하겠다고 했다. 제복이 멋져 보인다면서. 아무래도 다른 이유가 있을 것 같았다. 곰곰이 생각해 보니 작은아이는 개구리 같은 파충류를 엄청 싫어했다. 육군을 가면 들로 산으로 다닐 때 개구리나 뱀을 보게 될까 봐 일부러 해군을 가려 하나 하는 생각이 들었다. 어쨌거나 아들의 의사를 존중해서 결과를 기다렸다. 작은아이는 두 번이나 해군에 불합격했다.

나는 수원 지방 병무청에 전화를 걸어 징병 담당자를 찾아 작은아이가 불합격된 사유를 확인했다. 담당자가 출장중이라며 다른 사람이 대신 알려 주는데 '의지가 약하다'는 게 불합격된 사유였다.

"두 번이나 지원한 사람을 의지가 약하다고 떨어뜨리면, 몇 번을 더 지원해야 의지가 강하다고 합격시킬 건가요. 남의 귀한 아들 서류상에라도 바보 만들지 말고 차라리 지원자가 많아서 다음으로 미뤘다고 하면 좋지 않을까요."

나의 하소연을 듣고 몇 번이나 죄송하다고 하는데 정작 전화를 받은 사람이 죄송할 일은 아니었다. 담당자 돌아오면 전화 좀 달라고 요청했다. 나도 병무 업무가 지자체에서 병무청으로 이관될 때까지 2년 동안 병무 업무를 담당했다고 아는 체도 하면서.
작은아이는 세 번째 지원해서 합격했고 해군에 입대해서 군복무를
마쳤다.

얼마 전에 작은아이 군대 이야기로 다른 사람과 이야기 하다가
아무래도 개구리 때문에 해군에 입대한 것 같다고 우스개로 말한
적이 있다. 작은아이가 그것을 어디서 어떻게 들었는지 아무도
없을 때 나에게 넌지시 이야기했다.

"아빠가 요즘 내 이야기를 이상하게 한다면서요. 나 개구리 때문에
해군 간 거 아니거든요."

뭣이 중할까. 부모 괴롭히지 않고 군대 잘 갔다 온 게 얼마나
다행인데. 저녁마다 군대 안 간다고 울던 생각만 하면 작은아이가
진짜 사나이 된 게 고맙기까지 하다.

이제 그 아파트에는 두 집이 남아 있다

같은 아파트 단지에 사는 다섯 집이 만나서 20여 년간 모임을
이어오는 경우는 아주 드물 것이다. 같은 아파트 단지에 사는
사람들끼리 모임이야 할 수 있지 뭐 대단한 일이냐고 할 수도
있겠지만 옆집이나 윗집이나 아랫집이 서로 알고 지내는 일도
어려운 게 실상이다. 그러니 서로 만나서 정을 쌓기는 더 어려운
일이다. 나는 공무원 생활 30년 만큼이나 우리 아파트 모임을
자랑스러워하고 고마워한다.

다섯 집이 만나 모임을 시작한 것은 결혼하고 몇 년 뒤에 이사간
아파트에서였다. 한 집은 같은 동네에 살다가 같은 아파트로
이사간 시청 동료였고, 다른 네 집은 이사를 가서 알게 된
사람들이었다. 당시 나이는 다 30대였다. 직장은 공무원이 두 명,
회사원이 두 명, 개인 사업을 하는 사람이 한 명이었다. 처음에는
그냥 오며가며 인사나 하는 정도였다.

맨처음 알게 된 집은 윗집이었다. 우리집이 14층이니 윗집은 15층.
당시 우리는 분양을 받아 이사 온 것이었고, 윗집은 1층에 전세를
살다가 계약이 만료되어 15층으로 이사한 것이었다. 우리집은
아이들이 하도 뛰는 바람에 아랫집으로부터 자주 한소리를 들어야
했다. 윗집 큰아이가 우리집 작은아이와 동갑이었다. 그 집

아이들도 곧잘 뛰는지, 엘리베이터에서 만날 때마다 미안해하며
먼저 인사를 했다. 우리집도 같은 처지라 윗집 입장을 충분히
이해할 수 있었다.

"애들이 자꾸 뛰어서 죄송해요."
"애들이 다 그렇죠 뭐."

나는 윗집 부부에게 괜찮다고, 너무 신경 쓰지 말라고 말했다.
시간이 해결해 줄 거라고. 조금 더 크면 괜찮아질 거라고. 그렇게
이야기하게 된 것는 어느 날 겪은 일이 계기가 되었다.

어느 날, 직장 동료들과 가족 모임이 있어서 시골에 있는 선배 집에
아이들을 데리고 간 적이 있었다. 그때 큰아이가 여기서는 뛰어도
되냐고 묻는 게 아닌가. 그 순간 많은 충격을 받았다. 말은 하지
않지만 아이들도 스트레스를 많이 받고 있구나. 아이들에게 조금
더 신경을 써야겠다고 생각했다. 윗집 아이들도 마찬가지일
것이어서 윗집 소음에 대해서는 아예 신경을 껐다.

내 아이들 생각하니 어려운 일도 아니었다. 우리가 윗집에게
아이들 뛰는 소리가 시끄럽다고 한소리 하면 윗집에서는 아이들이
뛰지 못하게 계속 말릴 것이다. 그러면 아이들은 무엇을 할 때마다
해도 되는지 묻게 될 것이고 결국 자주성을 잃게 될 것이다. 생각이

거기까지 이르자 나라도 그러지 말자는 용기가 생긴 것이었다.

덕분에 우리집은 윗집과 더욱 가까워졌다. 가끔 식사도 함께하게
되었다. 윗집은 다른 곳으로 이사를 가면 어떤 아랫집을 만날지
모른다며 전세 기간이 끝나자 아예 그 집을 사 버렸다.

옆 동에는 아내의 친구네가 살았다. 그 집 부부와 가끔 만나 식사도
하고 그랬다. 그 집 부부 직장 동료가 우리 라인 7층에 살아서
자연스럽게 서로 알게 되었다. 그렇게 한 집, 두 집, 세 집 인연이
늘어나서 가끔 식사 자리에 모이는 집이 모두 여섯 집이 되었다.

처음에는 정식 모임이 아니었다. 가끔 만나서 식사하는 정도였다.
여섯 집이 다 모였던 어느 날, 저녁을 먹고 나서 남자들끼리 몰래
노래방에 갔었다. 그 일을 아내의 친구 남편이 다 실토하는 바람에
'남자들 노래방 금지령'이 내려졌다. 그 일로 아내의 친구 남편이
남자들에게 퇴출당하기도 했지만 그 시기에 아내 친구네가
문막으로 이사를 갔다. 그렇게 다섯 집이 남아 만남을 이어가게
되었다. 몇 번의 술자리도 가졌지만 본격적으로 친하게 지내게 된
것은 함께 여름 휴가를 가게 되면서부터였다. 그렇게 자연스럽게
정식으로 모임의 형태를 갖추게 되었다. 이름도 그냥 '아파트
모임'이었다.

첫 여름 휴가는 삼척으로 갔고, 그 다음은 강릉, 그 다음은 서해안 몽산포해수욕장이었다. 그렇게 10년이 다 되어 갈 때쯤 나는 시청 관광 담당자로 발령이 나서 관광에 관심이 많았다. 여주에는 뭐 볼 게 없다고 누군가 무심히 던진 말에 반발해서 여주 투어도 시작했다. 그 외에도 양평 용문사, 두물머리, 괴산 산막이 옛길, 정선 민둥산, 부산, 안동 하회마을, 남도, 제주 등 30여 곳을 여행했다.

어느 해에는 양양으로 휴가를 다녀오는 길에 인제 내린천에 들러서 아이들까지 온가족이 레프팅을 했다. 레프팅 가이드가 어디에서 왔냐고 묻길래 같은 아파트 모임이라고 자랑스럽게 대답하기도 했다. 같은 아파트 살면서 모임하는 것은 처음 본다며 가이드가 놀라는 만큼 우리는 마음이 뿌듯했다. 뻔하고 평범한 휴가가 싫어서 삼척으로 휴가갈 때는 사전 예약해서 네 집이 레일바이크드 탔다. 돌아오는 날에는 환선굴에 들러 더위를 잊기도 했다.

지금 생각해 보면 젊은 날에 어린 자녀들과 이웃과 함께 쌓은 소중한 추억들이다. 시간은 물처럼 흘러가지만 이웃과의 관계는 단순히 공간을 공유하는 것을 넘어 삶을 풍요롭게 만드는 귀중한 추억과 유대감을 선물해 주었다. 함께였기에 가능했던 그 시간들은 나의 삶에서 빼놓을 수 없는 소중한 한 부분으로 자리잡았다.

시간이 흘러 두 집은 아이들이 고등학교를 졸업할 때쯤 다른 아파트로 이사를 갔고, 우리도 작년에 이사를 했다. 이제 그 아파트에는 두 집이 남아 있다.

대개 문제의 답은 문제 안에 있다

'4대강 살리기 사업'이 끝나고 난 뒤, 여주시 '강천섬'은 새롭게 단장되어 사람들이 즐겨 찾는 '핫 플레이스'가 되었다. 가공되지 않은 자연 그 자체로. 캠핑의 명소로. 어떤 이는 강천섬을 소개하는 글에 '강천섬은 나만이 알고 싶은 곳'이라고 극찬하는 댓글을 남기기도 했다. 강천섬은 크기가 남이섬의 1.5배 정도로 큰 섬이다. 남이섬에는 건물이 들어서고 먹거리도 많지만 강천섬에는 그런 것이 아예 없다. 그래서 강천섬에 가면 오히려 한가하고 조용하고 편안해진다.

몇 년이 지나 2016년, 사람들 사이에 알음알음으로 알려진 강천섬 때문에 힘들어지게 된 곳이 생겼으니 바로 강천면사무소였다. 나는 그 강천면사무소에서 산업팀장으로 근무하고 있었다. 주말에 강천섬을 찾는 방문객이 갑작스럽게 늘다 보니 강천섬 입구에는 방문객들이 도로가에 주차해 놓은 차들이 넘쳐났다. 이로 인해 인근에 사는 주민들 생활이며 영농에 차질이 생길 정도였다. 논이나 밭에 들어갈 수 없어서 시청과 면사무소에 민원이 폭주했다. 시청에서는 급하게 임시주차장을 조성하기 시작했고, 교통과에서는 직원들이 죄다 나와서 교통 정리를 하기 시작했다. 총무팀 직원들까지 지원을 나갔다. 그런데도 해결 방안을 찾지 못해 피로도만 쌓여 가는 상황이 지속되었다. 그렇게 대책 없이 몇

주가 지나갔다.

가만히 보고만 있을 수 없어 나는 나름대로 해결 방안을 찾기 위해
원인을 분석해 보았다. 강천섬 입구는 강천리 쪽과 굴암리 쪽 두
곳이었는데 '네이버'와 '다음' 포털에 있는 지도에는 강천섬 주
입구가 굴암리 쪽으로 되어 있었다. 강천리 쪽은 강변이어서
주변이 매우 넓고 차량을 수백 대나 주차할 수 있는 공간이
있었지만 굴암리 쪽은 달랐다. 주차장이 마을 안쪽 좁은 공간에
있어서 차량을 40대 정도밖에 주차할 수 없는 실정이었다. 이런
실정이 반영되지 못한 것이었다. 원인은 바로 이것이었다.
강천섬을 찾아오는 방문객들이 '네이버 지도'나 '다음 지도'를
보고 다들 강천섬 주 입구가 굴암리 쪽인 줄만 아는 것이었다.
'네비게이션'이나 '티맵(T-map)'도 주 입구를 굴암리 쪽으로
안내하고 있었다.

강천섬 주 입구를 강천리 쪽으로 안내하게 지도 정보를 바꾸면
모든 게 해결될 일이었다. 어떻게 하면 단기간 내 그런 효과를 낼
수 있을까 궁리하면서 '네이버 지도'를 보다가 고객 센터를 통해
지도 정보를 수정해 달라 요청할 수 있다는 것을 알았다. 그렇게
강천섬 주 입구를 강천리 645번지로 수정해 달라 요청했다. '다음
지도'나 '티맵'도 비슷한 기능이 있어서 마찬가지로 요청했다.
사나흘이 지난 뒤에 확인해 보니 네이버 지도는 수정이 되었는데

다음 지도와 티맵은 수정이 되지 않아 직접 전화를 했다. 여주시 강천면사무소 산업팀장이라고 밝히고 며칠 전 지도 정보를 수정해 달라 요청한 사항이 반영되지 않았으니 꼭 수정해 달라고 부탁했다. 1주일이 지나서야 네이버 지도며, 다음 지도며, 티맵의 강천섬 주 입구 정보가 강천리 645번지로 바뀌었다. 그리고 거짓말처럼 굴암리 지역의 교통 민원이 말끔하게 해결되었다. 강천섬을 찾는 방문객들이 다 강천리 쪽으로 찾아간 것이다.

어, 이게 된다고. 이 일은 나에게도 새로운 경험이었다. 우리가 흔히 접하는 인터넷 포털의 정보를 내가 요청해서 바꾸었다는 것이 신기할 따름이었다. 당시 관공서에는 전자 문서가 시행되고 있었지만 직원들 인터넷 활용이라고 해야 고작 뉴스나 검색하는 정도였다. 일개 면사무소 팀장이 인터넷 포털의 정보를 수정해서 대책 없던 문제를 간단히 해결하다니. 대개 문제의 답은 문제 안에 있다. 작은 문제라도 잘 살펴서 발상을 전환하고 도전할 때 해결의 가능성은 열리기 시작한다. 한 번의 시도가 만들어 낸 변화는 단순한 문제 해결 그 이상이었다. 나 자신도 성장시키고 새로운 시각도 열어 주었다.

지금에 와서 보면 잘못된 선택이었다

2015년에는 인사 발령과 관련해서 많은 일이 있었다. 나는 지난 해 8월에 6급으로 승진했으니 2015년 1월 정기인사에서 보직을 받아 나갈 생각으로 한껏 기대에 부풀어 있었다. 근데 웬걸. 베트남으로 이주해 살겠다고 휴직하고 떠난 팀장 한 명이 2015년 1월 1일자로 복직을 신청한 것이다. 가서 살아 보니 못 살겠더란다. 이런 경우는 꿈에도 생각을 못했다. 외국으로 살러 나간다고 휴직한 사람이 복직할 줄 누가 알겠는가. 그리고 복직을 해도 왜 그때여야만 하냐고. 인사 발령이 난 뒤에 복직하면 누구에게도 피해를 주지 않을 것을. 사람이 도움이 돼야지, 왜 민폐를 끼치냐고. 덕분에 나의 보직 부여는 다음 번 인사로 미뤄지고 말았다. 이렇게 엉뚱한 일이 또 있을까. 뭐 이런 사람이 다 있지.

6월 어느 토요일 오후였다. 마땅히 일은 없었지만 이것저것 정리나 하려고 사무실에 나와 있었다. 컴퓨터 모니터를 통해 무엇인가를 보고 있었는데 휴대 전화가 울렸다. 모르는 번호였는데 무심코 통화 버튼을 누르고 말았다.

"여보세요."
"나 시장인데."

별안간 이게 뭐람. 시장의 목소리가 분명했다. 그 다음부터는 한참 동안 짜증 섞인 목소리로 이러저러하게 꾸중을 하는데 나는 안절부절하기만 했다.

"이 사람이 말야. 6급이면 시장 전화번호는 저장을 하고 있어야지. 자세가 안 되어 있잖아."

도무지 할 말이 없었다. 죄송하다는 말만 되풀이하다가 전화를 끊었다. 더 이상 사무실에 있을 기분도 아니어서 서둘러 집으로 돌아왔다. 이를 어쩐다. 누구한테 이야기할 수도 없는 일이었다. 한참을 고민하다가 오후 4시경쯤 용기내어 인사팀장에게 전화를 했다. 인사팀장은 시장이 전화할 때 옆에 같이 있었다면서 차근차근 그때 상황을 설명해 주었다.

7월 정기 인사에 6급 승진자 중 무보직자에게 보직을 부여하려고 결재 중이었는데 시장이 직접 언질을 주려고 전화를 한 것이었단다. 지난 해 8월 뒤늦게 6급으로 승진하고 1년이 지났으니 보직을 받을 때가 돼도 충분히 된 것이었다. 인사팀장으로부터 이야기를 듣고 나니 더 기가 막혔다. 시장에게 잘 보여도 시원찮을 판에 시장의 전화에 초를 쳤으니. 누구를 원망할 수도 없는 일이라 한숨만 나왔다. 평소 점잖은 편인 인사팀장은 그런 상황만 알려 주고는 말이 없었다. 더 들을 이야기는 없을 것 같았다. 전화를 끊고 나서 인사과장에게 전화를 걸었다. 낮에 시장과 통화한 상황을 주저리주저리 이야기했다. 지푸라기라도 잡고 싶은 심정이었다.

"이번에는 힘들겠다. 방법이 없겠어."

엎친 데 덮친 격이었다. 전화하지 않느니만 못했다. 도와 달라고 전화한 것이었는데 방법이 없다니. 누구에게 도움을 요청해야 하나 한참을 고민했지만 스스로 해결하는 수밖에 없었다. 아무래도 전화 통화는 무리여서 시장에게 직접 문자를 보냈다. 구구절절한 내용이었다. 평소에 안하는 실수를 해서 죄송하며, 준비된 사람임을 어필하고 마지막에 '주님 아래 하나'라고 덧붙이며 마무리했다. 문자는 읽은 것 같았다. 나중에 인사팀을 통해 들으니 인사과장이 시장에게 나를 많이 어필했단다. 이런 우여곡절 끝에 나는 7월 20일자로 강천면사무소 팀장으로 발령이 났다.

강천면으로 가게 된 것은 순전히 나의 선택이었다. 발령이 나기 전에 인사과장으로부터 전화가 왔다. 여흥동과 강천면에 자리가 있다며 어디로 갈 것인지 내 의사를 물었다. 그즈음 시장은 내가 사는 길 건너편 아파트에 살았는데 아침마다 쓰레기를 주우면서 2킬로미터를 걸어서 출근했다. 나도 한 번은 따라나선 적이 있었는데 시청에 도착하니 온몸에 땀이 흥건했다. 옷이 다 젖을 정도여서 다시 집에 돌아가 샤워도 하고 옷도 갈아 입고 다시 출근해야 했다. 여홍동으로 발령이 나면 매일 이 일을 해야 할 것 같았다. 한두 번이면 몰라도 매일은 힘들 것 같아서 강천면으로 보내 달라고 했던 것이다. 지금에 와서 보면 잘못된 선택이었다. 매일 시장 옆에 붙어서 나를 어필해야 하지 않았을까.

깜깜이 족구

'깜깜이 족구'는 '깜깜이 바둑'에서 착안한 족구 게임이다.
'깜깜이 바둑'은 두 사람씩 한 팀이 되어 총 네 명이 하는 게임이다.
다만 실력 차가 분명한 상급자와 하급자를 한 팀으로 구성해야
한다. 먼저 각 팀 상급자가 두고 다음은 하급자가 이어서 두는
식이다. 여기에는 절대적인 금기가 있다. 절대 훈수를 둘 수 없다는
것. 하급자가 엉뚱한 곳에 두어 승패가 갈리는데 이것이 재미있는
게임이기 때문이다. '깜깜이'는 어떤 사실에 대해 전혀 모르고
하는 행위 또는 그런 행위를 하는 사람을 뜻한다.

'깜깜이 족구'도 잘하는 사람들을 위한 게임이 아니다. 대개 일반
족구는 잘하는 사람 세 명이나 네 명이 한 팀이 되어 상대팀과
겨룬다. '깜깜이 족구'는 아예 선수를 선발하고 교체하는 방식이
다르다. 선발하고 교체하는 권한이 상대팀에 있는 것이다. 그 외의
게임 방식은 일반 족구와 같다.

각각 가장 못할 것 같은 세 명이나 네 명을 상대팀에서 지목해서
선발하고 경기를 진행하다가 그 중에서 잘하는 선수가 있을 경우
가차없이 상대팀에서 더 못할 것 같은 선수를 지목해서 교체하는
식이다. 선발하고 교체하는 권한이 상대팀에 있다 보니 경기를 해
보면 더없이 진지해지고 한편으로는 웃음바다가 되고 만다.

텔레비전 프로그램 〈나는 솔로〉에서 '모태 솔로' 특집을 했는데 연애에 서툰 출연자 각자가 얼마나 진지하던지. '깜깜이 족구'가 바로 그렇다. 대개의 게임이 잘하는 사람 위주로 진행되고, 그렇게 승부욕이 불타게 된다. 그 판은 어떤 실수도 용납하지 않는다. 자칫 실수했다가는 그저 욕만 먹는 게 아니다. 이렇게 냉정한 전문가용 게임과는 반대로 선수나 관중이나 다들 마음 풀어놓고 즐거울 수 있는 게임이 '깜깜이 족구'다. 못하는 사람이 못하는 것을 보며 응원하고 한바탕 웃는 게임이라 마음의 짐도 없다.

며칠 전에 텔레비전 프로그램 〈무한도전〉에서 출연자들하고 제작진이 게임을 하는데 '깜깜이' 방식으로 하는 것을 보았다. '제기차기'를 하는데 출연자들이 제작진 중에서 못할 것 같은 사람 다섯 명을 뽑아서 경기를 하는 것이다. 말하자면 '깜깜이 제기차기'라 할 수 있다. 그렇게 만만한 입장에서 게임을 했는데도 출연자들이 지고 제작진이 이겼다.

이처럼 어느 종목에도 적용해서 '깜깜이 게임'을 할 수 있다. 못하는 사람이 더 즐거운 게임이고, 친목을 도모하고 한마음이 되는 데 유용한 게임이다.

큰아이가 공무원 된 것은 다 내 덕분이다

큰아이가 공무원 생활을 시작한 지 벌써 햇수로 7년. 엊그제였던
것 같은데 벌써 7급 공무원이 되었다. 하나도 제대로 모르던 것이
이제는 짬이 조금 된다고 아는 체를 하는 게 선배 공무원으로서
마음에 들지 않을 때도 간혹 있다. 참견도 심할 때가 간혹 있다.
물론 음주한 다음 날 큰아이 덕분에 편하게 출근할 수 있고,
업무적으로 이런저런 도움을 받기도 하는 등 마음에 들 때도 많다.

지금에 와서 보면, 큰아이가 공무원 시험에 합격한 것은 순전히 내
덕분이라는 생각이 든다. 큰아이가 공무원 시험을 준비하던
2016년 말은 종합 편성 채널에서 방영하는 드라마가 한창 유행하던
때였다. 드라마 〈응답하라 1988〉이 가장 선풍적이었는데 옛날
말로 그 드라마 모르면 간첩이었다. 사람들이 하도 그 드라마
이야기를 해대서 궁금했던 나는 그 드라마 보려고 케이티(KT)
인터넷 방송에 가입했다. 덕분에 기본 정규 방송 채널에서 100여
개나 채널이 늘었다. 이를 나보다 더 좋아한 사람은 큰아이였다.
대학 졸업을 앞두고 집에 있다 보니 드라마를 볼 기회가 더 많았던
것이다. 여러 드라마를 보았던 것으로 알고 있다. 당시 큰아이는
집에서 공무원 시험 준비를 했는데 내가 보기에는 공부보다
드라마를 더 많이 봤던 것 같다. 하도 드라마를 봐서인지 줄거리
개연성에 대한 이해력도 많이 좋아졌던 것 같다.

큰아이는 고등학교 때 국어 과목이 3등급이었다. 그런데 공무원 시험 결과는 달랐다. 국어 과목에서 높은 점수를 받아 낮은 점수를 받은 과목을 커버할 정도였다. 큰아이가 따로 국어 공부를 했을 리는 없다. 아무래도 드라마를 많이 봐서 그런 것이 아닐까. 그래서 나는 지금도 큰아이에게 말한다. 내 덕분에 공무원 시험에 합격을 했으니 고마워해야 한다고. 사소한 일일지는 몰라도 조금이라도 보탬이 되었으면 고마워해야 하는 법이다.

드라마 〈응답하라 1988〉을 보다 보면 그 시대에 살았던 사람만이 느낄 수 있는 감성이 있어 그냥 미소 짓게 되는 경우가 있다. 나도 그 시대를 살았으니까. 나는 1985년 학번이고, 1988년은 군을 제대해서 복학을 앞두고 있을 때였다. 드라마 중에 내가 1986년에 군에 지원 입대해서 훈련 받은 곳, 파주시가 나오는 장면이 있다. 대학생인 보라가 동생 덕선의 동네 친구 선우와 서로 좋아하는 마음을 확인하게 되는 장면인데 따로 설명은 없지만 작가가 의도적으로 숨겨 놓은 내용을 나는 알 듯해서 마음이 간질간질했다. 이런 내용이었다.

대학생인 보라가 시위를 하다가 연행되어 버스에 실려 간다. 버스는 시골길을 달리다가 '파주시'라고 적힌 표지판이 있는 곳에서 멈춘다. 보라가 버스에서 내린다. 보라를 남겨 놓고 버스는 다시 출발한다. 보라는 이 상황이 익숙한지 주머니에서 동전을

탈탈 꺼내서 얼마나 있는지 확인한다. 그리고 공중전화로 가서
여기저기 전화를 건다. 하필이면 이때 집이며 다른 어떤 사람도
전화를 받지 않는다. 가지고 있던 동전도 다 떨어져 가고
마지막으로 선우에게 전화를 한다. 기적같이 통화한다. 선우가
파주시까지 와서 보라를 데리고 간다.

나중에 보라와 선우는 사랑하는 연인으로 발전하는데 이렇게
암울한 사회적 분위기를 물씬 드러낸 복선은 그들의 사랑을 더욱
간절하게 만들었다. 파주시에 있는 사단 훈련소에서 훈련을 받은
나는 이 장면을 보고 짐작할 수 있었다. 보라를 태우고 와서는
파주시 낯선 길에 내려 놓고 간 버스는 일명 경찰의 '닭장차'. 최종
목적지는 전방에 있는 육군 사단 훈련소일 것이다. 작가는 이
장면에서 시위 현장에서 연행한 남학생들을 강제로 군에
입대시키는 부당한 '현지 입영'을 드러내려고 한 듯하다. 보라는
여학생이니까 중간에 내려 놓은 것이고. 당시의 '현지 입영'은
현재까지도 실체는 없고 단지 '설'로만 남아 있다.

그때는 다 그랬다. 그렇다고 이것마저 '설'로 남을까. 큰아이가
공무원이 된 것은 다 내 덕분이다.

단속은 약자에게 강하고 강자에게 약하다

2014년, 정선군에 한창 카지노 붐이 일었을 당시에 나는 여주시 교통행정과에서 택시 업무를 담당하고 있었다. 가끔씩 동영상과 함께 신고서가 접수되었는데 정선군 카지노 주차장에 여주시에 등록되어 있는 택시가 심야에 '밤샘 주차'를 하고 있다는 내용이었다. 불법이니 과징금을 부과하라는 것으로 일명 '파파라치'가 보내온 것이다. 정선군 택시 조합에서 '신고 포상금제'를 운영하고 있었는데 여주시에서 과징금을 부과해야 신고한 사람이 포상금 10만 원을 받을 수 있었다. 이게 담당자로서 살짝 기분 나쁜 게 여주시 영업 택시가 다른 지역에 가서 뺨을 맞고 오는 격이었다.

여주에 거주하는 사람이 택시를 불러서 정선 카지노에 갈 경우, 그 사람이 아침 몇 시에 나올 테니 대기해 달라고 하면 택시 기사는 주차장에서 손님이 나올 때까지 기다리게 된다. 그 택시는 밤 12시를 넘어 아침까지 등록된 차고지가 아닌 정선 카지노 주차장에 1시간 이상 주차하게 되는 것이다. 이게 바로 문제가 되는 '밤샘 주차'다. '여객자동차운수사업법'을 위반했다는 것인데 사실 이게 좀 모호하다. 당시 전국에서 서울특별시 영등포구와 대전광역시가 여주시와 마찬가지로 정선 카지노와 관련된 밤샘 주차 신고에 대해 과징금을 부과하지 않고 있었다. 과징금을 부과하지 않으니 파파라치 교육을 주관하는 관계자가 감사 부서에 민원을 넣어 담당자를 힘들게 했다. 나도 예외는 아니어서 감사 부서로부터 수시로 압박 전화를 받아야 했다. 결국에는 대전광역시가 굴복해서 과징금을 부과하기 시작했는데 영등포구와 여주시는 아직 버티고 있었다.

영등포구는 교통 민원에 대한 가부를 심의를 통해서 결정하는데 주민이 참여하는 심의위원회에서 그 안건을 부결했다. 영등포구와 여주시가 과징금을 부과하지 않고 버티고 있는 이유는 '귀로 영업'이라고 판단한 것이었다. 정선 카지노에 손님을 내려 준 뒤 그 손님이 다시 집으로 돌아올 때 타려고 대기를 시키면 '귀로 영업'에 해당해서 과징금 부과 대상이 아닌 것이다. 그런데도 민원까지 넣어가며 과징금 부과를 강요하는 것은 실로 부당하기 이를 데 없다. 아무리 정선군 택시 조합에서는 밤샘 주차를 못하게 해서 좋고, 신고한 사람은 포상금을 받아서 좋은 일이라지만 공무원이 아무 생각 없이 부당한 것에 동조하면 되겠는가.

택시 운송을 하는 사람들은 영세한 사람들이 많다. 지켜 줘야 할 부분은 지켜 줘야 한다. 사람들이 공무원은 과징금이나 과태료만 부과하는 줄 아는데 절대로 아니다. 부당할 때는 부과하지 않는 것도 공무원의 일이다. 이것이야말로 공평하게 힘쓰는 일, '공무' 아닌가. 담당자인 나에게 아무리 불이익을 주려고 해도 아닐 때는 아닌 것이다. 나는 완강하게 맞섰다.

정선 카지노 '밤샘 주차' 건은 민원 신고를 통해 한참을 난리를
치다가 나중에는 결국 조용해졌다. 그리고 나서 나는 몇 개월 뒤에
팀장 보직을 받아 다른 곳으로 발령이 났다. 지금은 그 건에 대해
어떻게 처리하는지 모른다. 그 파파라치들은 하다 하다 안 되니
다른 건을 찾아갔을 것이다. 공익 제보라는 게 순기능을 해야
하는데 역기능을 하는 경우도 많다. 특히 단속이란 것이 그렇다.
단속하는 인력이 부족하다 보니 포상금을 걸고 공익 제보를
유도하는데 다들 '공익' 보다는 '포상금' 에 눈이 가기 마련이다.
그런 마당에 단속 자체가 부당한 것이 어디 보이겠는가. 게다가
단속은 약자에게 강하고 강자에게 약하다.

착각도 가끔은 쓸 데가 있다

일 때문에 만나는 사람들과 가끔 점심을 먹게 되는데 그날도 그런
자리였다. 한동안 '한강 살리기 사업'에 관련된 일을 하다 보니
함께 자리한 사람들이 골재와 관련된 사업을 하는 사람들이었다.
그 중 한 사람, 강 사장이 하는 이야기가 꽤나 흥미로웠다.

2010년의 일로 강 사장은 영월군에 있는 청령포에 들렀다가
인근에서 식사를 하게 되었단다. 그때 식당 안 저편에서 자신이
사는 동네 이장이 어떤 사람과 식사를 하고 있더란다. 식사를
마치고 나오면서 조용히 마을 이장의 음식값까지 계산을 하고
나왔단다. 그 뒤로 어떤 말쑥한 차림의 사람이 급하게 따라
나오더니 방금 음식값을 계산한 사람이 맞냐고 묻더란다. 그렇다고
하니 뜬금없이 함께 가자고 하더란다. 어르신이 모시고 오라
했다면서. 마을 이장이 '어르신'이라고 칭할 정도는 아닌데 무슨
일일까 의아해하며 따라서 다시 식당으로 들어갔단다. 가까이 가서
보니 '어르신'이라는 분이 마을 이장과 인상은 비슷한데 다른
사람이었단다. 그는 다름 아닌 전 국회의원인 특임 장관이었단다.
그 어르신이 왜 밥값을 계산했냐고 묻더란다. 강 사장은 사실대로
답했단다. 멀리서 보고 자신이 사는 동네 마을 이장인 줄 알고
계산했다고. 어르신은 크게 웃으면서 하는 일이 뭐냐고 묻더란다.
강 사장이 골재업을 한다고 답했단다. 그러자 어르신이 옆에

자리한 사람에게 부탁하더란다. 이것도 인연인데 이 사람 좀
도와주라고. 그 말에 어르신 옆에 있던 사람은 선뜻 명함을
건네면서 내일 찾아오라고 하더란다. 그렇게 인사를 나누고
나왔단다. 다음 날 명함 준 사람을 찾아가니 '4대강 살리기 사업'
구간 중 양평에서 여주 구간에 석재를 납품하라고 하더란다.
그렇게 강 사장은 한참을 석재 납품하며 큰 재미를 보게 되었단다.

자신이 사는 동네 이장인 줄만 알고 조용히 그 음식값까지 계산한
강 사장의 선한 영향력은 뜻밖의 횡재로 이어졌다. 아무래도
무엇을 바라고 했다면 그렇게 되지 않았을 것이다. 강 사장이
무엇을 바랐는지 아닌지는 잘 모르겠으나 그는 다른 사람을
이장으로 착각했다. 그래서 선한 영향력이 발동했으니 착각도
가끔은 쓸 데가 있다.

공이 없는 사람으로 살라고

2014년 가을 어느 날, 나는 교통행정과에 근무하고 있었는데 맞은편 사무실 문화관광과에 근무하는 후배 직원이 찾아와 물었다. 금은모래관광지 내에 리모델링 중인 수석박물관 입주 예정 자리에 무엇을 대신하면 좋겠냐고. 왜 그러느냐고 되물으니, 전 군수가 추진했던 수석박물관 개소가 무산되었단다. 2012년 여주군은 금은모래광광지에 있는 건물을 15억 원의 예산을 들여 리모델링하고 수석박물관으로 활용키로 했는데 기증하기로 했던 사람이 돌연 기증을 철회하는 바람에 무산된 것이다. 2009년에 나는 그곳에 폰박물관을 이전하자고 당시 군수에게 보고했던 적이 있었다. 그때 이야기를 하자 후배 직원은 솔깃했는지 좀 더 자세히 물어서 당시에 내가 요약해서 보고했던 문서 하나를 찾아 주었다. 그 문서를 들고 후배 직원은 문화관광과장에게 보고한다며 돌아갔다. 박물관을 하려던 자리는 박물관이 들어오면 되는 것이다.

원래 그 리모델링 계획은 내가 관광과에 근무하던 2009년부터 추진되었고, 나는 군수에게 폰박물관 이전을 제안했었다. 그 당시 여주군 점동면 오갑산 중턱에 있었던 폰박물관은 국내 유일의 전화기 전문 박물관으로 설립 취지며 모든 것이 다 좋았는데 딱 하나 입지가 좋지 않았다. 산 입구에서 박물관까지 1킬로미터 넘는 길이 좁은 계곡길로 차 한 대라도 오면 피할 데조차 없었다. 당연히 관광버스가 들어가지 못해서 단체 관람객 방문도 어려웠다. 삼성전자에서 신규 직원 연수 때 관람을 하려 했으나 여의치가 않아 포기하기도 했다. 그야말로 그림의 떡이라는 표현이 딱 맞았다. 박물관법에는 개관한 뒤 5년이 지나야 이전이 가능했다. 폰박물관이 2008년 3월에 개관했으니 금은모래관광지 내 건물 리모델링 계획이 완성되는 시점이 마침 딱 들어맞아서 이전을 검토할 수 있었다. 결국 군수가 수용하지 않아 폰박물관 이전 계획은 무산되고 말았다.

마침 썬밸리호텔 신축을 추진하고 있던 중이어서 '폰박물관 유치 사업 제안서'를 만들어 썬밸리호텔 회장에게 제안했다. 제안 내용은, 썬밸리호텔은 박물관 자리를 무상으로 제공하고 폰박물관은 박물관을 이전해 운영하는 조건이었다. 그만큼 박물관의 이전은 사활이 걸린 중요한 문제였다. 썬밸리호텔 회장은 수락했으나 폰박물관 관장은 이전 비용을 마련할 여력이 없다고 고사했다. 폰박물관 관장이 수락했다면 호텔 안에 박물관이 있는 새로운 모델을 만들 수 있었는데 그게 뜻대로 되지 않았다. 아쉬움이 컸다. 당시 관광홍보팀 담당자로서 폰박물관을 위해 얼마나 많은 노력을 했던가. 관광 홍보 책자에 등재해서 인지도를 높이고, 여주의 관문인 톨게이트부터 폰박물관까지 대형 관광 안내판도 설치했다. '범도민 폐휴대폰 모으기'가 한창일 때

경기도에 공문을 보내 희귀 폐휴대폰 500점을 기증받았고, 친구가
근무하는 공중전화 주식회사에 요청해 공중전화 두 대를
기증받기도 했었다.

나는 2010년 5월에 준설토를 판매해야 하는 다른 부서로 자리를
옮기게 되어 그 뒤 소식은 자세히 몰랐다. 신문 등을 통해 그곳에
수석박물관을 개소하려 한다고만 듣고 있었다. 마침 '4대강 살리기
사업'이 추진되고 있었고, 여주는 한강을 끼고 있으니 수석박물관
개관도 나쁜 발상은 아니었다.

나에게서 폰박물관 이전 계획에 대한 자료를 받아 간 후배 직원은
곧바로 과장에게 보고했고, 그 뒤로 일은 일사천리로 진행된
모양이었다. 과장은 시장에게 보고하고, 시장은 의회에 알렸단다.
시장과 의회의장은 점동면 오갑산 중턱에 있는 폰박물관을
방문하기까지 했고, 의회가 전적으로 협조하기로 했단다. 폰박물관
이전에는 아무런 문제 소지가 없었으니 이제 이전하고 개관하는
일만 남게 된 것이었다. 접근이 어려운 산 중턱에 갇혀 있던
폰박물관이 넓고 탁 트인 곳으로 나와 관람객을 유치할 기반이
마련되는 것이고, 여주시는 리모델링 공간을 합리적으로 활용하게
되는 것이었다. 이번에도 공을 탐하는 자들이 많아 원래 계획자인
나는 철저히 배제되었다. 그 뒤로는 신경쓰지 않고자 애썼으나
자꾸 그 소식에 귀기울이는 것조차 막을 수는 없었다.

폰박물관은 좋은 입지로 이전했지만 그 결과는 절반의 성공만
거두고 말았다. 근시안적인 사고를 버리지 못한 관계자들은 사립
박물관을 공립화하고 말았다. 박물관을 매입해서 이전한 것이다.
대략 들어 보니 폰박물관의 유물을 3억 원에 여주시가 구입하고
관장을 박물관 팀장으로 채용해서 8년간 근무하게 한다는
것이었다.

당초 오갑산에 있던 폰박물관은 기능은 훌륭했으나 관광객을
수용할 여건이 되지 않았을 뿐이었다. 단지 관광 수용 태세 미흡인
것이어서 금은모래관광지로 이전하면 충분히 경쟁력을 갖추게
되는 것이었다. 그런데 폰박물관을 시립으로 운영하면 관광 수용
태세는 갖추지만 오히려 경쟁력을 잃게 된다는 것을 관계자들은 왜
몰랐을까. 시립 박물관은 홍보는 가능하지만 영업 이익을 위한
마케팅 활동을 할 수가 없다. 사립이냐 시립이냐 이 차이가 결코
단순하지 않은 것이다. 여주시립 폰박물관은 2016년 4월에
개관했지만 그 뒤로는 표류하고 있는 것으로 보인다. 처음에는
박물관장이 팀장으로 학예사 한 명을 데리고 운영하다가 이제는
일반직 팀장이 임기제 학예사 한 명과 근무하고 있다. 시립
박물관의 한계가 여실하다.

사람이 뜻한 바가 있어도 때가 되지 않으면 이룰 수 없다. 또한
그때 이루지 못한 것이라도 계속 기다리다 보면 어느새 때가 되어

자연스럽게 기회가 온다. 2009년에 아무리 노력해도 되지 않던 일이 2014년 가을에는 말 한마디로 이루어지지 않던가. 물론 여러 아쉬움도 있지만 절반이라도 성공했으니 다행이려나. 세상에는 혼자서는 아무것도 못하는 사람들이 참 많다. 일일이 참견하고 손에 쥐어 주지 않으면 끝내 일을 내고 만다. 그런 중에도 공은 자신이 갖고 싶어서 욕심까지 부리니 그 일이 제대로 되겠는가. 도대체 공이 뭐길래 그리 집착하는 것일까. 오히려 그래서 공무원(功無員)일까. 공이 없는 사람으로 살라고.

생각할 때마다 웃음 짓게 되는 이유

2010년 5월부터 나는 여주군 한강 살리기 사업 지원단 골재
티에프팀에 근무하면서 준설토 판매 업무를 맡게 되었다. 당시에는
아무런 경험도 없고 지식도 없는 상태였다. 고작 볼펜 한 자루 들고
모든 것을 시작했다. 그렇게 시작한 일이 결국 500억 원 이상의
매출을 달성하는 성과로 이어졌다. 하지만 이러한 결과에도
불구하고 보상 대신 '군수의 추진 방식을 따르지 않았다'는 이유로
격무 부서인 교통행정과로 좌천되었다. 이 좌천은 정기 인사가
아닌 수시 인사로 1:1 맞교환 형태로 이루어졌다. 2013년 1월 당시
골재 판매를 담당했던 팀장은 1년 장기 교육을 신청한 상태였고,
교육 전 한 달 동안 대기 중이었다. 나는 3월 8일 월요일에 전보
발령을 받았고, 다른 직원은 같은 주 금요일인 3월 12일에 전보
발령을 받았다. 그렇게 팀원 전원이 교체되며 팀이 해체되고
말았다.

새로 전보된 부서에서 만난 팀장과 이런저런 대화하던 중에 여주군
한강 살리기 사업 지원단에서의 경험을 이야기하자, 팀장은 놀라며
이런 말을 했다.

"네가 말한 것이 사실이라면 '경기공무원대상'에 공모해 봐."

당시에는 한 귀로 듣고 한 귀로 흘렸으나 막상 공모 공문을 보자 마음이 바뀌어 공모 신청을 하게 되었다. '경기공무원대상'은 경기도 31개 시군, 경기도청, 직속 기관 등 6만여 공무원 중 행정, 복지, 토목, 보건, 소방 등 5개 분야에서 우수한 각 1명씩을 선정해서 시상하는 영예로운 상이었다. 나는 공적 조서를 작성해 제출했고 경기도 감사 부서의 실사를 거쳐 경쟁 끝에 경기도 공무원 중 행정 분야 대상 수상자로 선정되었다.

2013년 행정 분야에서 제15회 경기공무원대상을 수상했을 때 그 기쁨은 이루 말할 수 없었다. 그동안의 무시와 설움이 한순간에 날아가는 기분이었다. 그러나 좋은 일에는 항상 난관도 따랐다. 경기도에서 보도 자료를 배포하며 수상 사실을 홍보하자, 여주의 한 여행 업체가 경기도 인사팀에 전화해서 표창을 주면 안 된다고 민원을 넣는 해프닝이 발생했다. 다행히 큰 문제 없이 마무리되었지만 기가 막히는 일이었다. 경기공무원대상 수상은 영예였지만 속사정을 들여다보면 아쉬움도 있었다. 포상금 300만 원과 은으로 제작된 상패가 전부였다. 전년도 수상자에게는 300만 원의 상금 외에도 800만 원 상당의 부부 동반 해외여행과 1계급 특진이 주어졌는데 나의 경우는 포상이 대폭 축소된 것이었다. 더 기가 막힌 것은 다음 해인 제16회 경기공무원대상 포상이 다시 예전 수준으로 복원되었다는 것이다.

돌이켜보면 이러한 경험은 나에게 중요한 교훈을 남겼다. 포상이 더 화려했다면 경쟁이 더 치열했을 것이고, 나는 수상자가 되지 못했을지도 모르는 일이었다. 결국, 세상에 쉽게 이루어지는 일은 없고, 흠이 없는 성취도 찾기 어렵다는 것을 깨달았다. 다만, 노력의 결과가 온전히 인정받을 수 있다는 사실은 분명했다.

이러한 경험 속에서 나는 한 가지 결론에 도달했다. 완벽하지 않더라도 최선을 다한 결과는 결국 삶의 중요한 자산이 된다는 것이다. 이것이 내가 운이 좋은지 나쁜지 생각할 때마다 웃음 짓게 되는 이유다.

그게 연륜 아닐까

어쩌다 보니 30대 초반에 이런저런 가정사에 얽혀 많은 일을 겪었는데 나중에는 나이 40이 되어 개인 회생까지 신청하게 되었다. 2005년부터 2013년 5월까지 장장 8년간을. 개인 회생 기간은 통상 5년이었는데 개인 소득을 감안해서 최장 8년까지 기간을 늘릴 수 있었다. 처음 개인 회생을 신청할 때 회생위원이 소득을 감안해서 변제 계획을 승인한다. 개인 회생은 파산의 전 단계로 아이엠에프 금융 위기를 겪고 나서 빚을 지게 된 사람들 중에서 일정한 기준을 충족한 사람을 대상으로 하는 제도다. 막상 신청해 보면 파산도 쉽지 않고 개인 회생 또한 쉽지가 않다. 8년의 회생 기간 동안 모든 금융 거래가 정지된다.

개인 회생이 개시되면 급여 압류가 풀리는 대신 법원 회생위원에게 일정액을 송금해야 한다. 그간 압류되었던 급여 3천만 원의 적립금 외에 96개월 동안 월 90만 원씩 8천여만 원을 상환했다. 처음에는 월 90만 원이 버거웠는데 나중에 가서야 조금씩 수월해졌다. 처음에는 급여의 반을 차지했고 나중에는 급여의 삼분의 일 정도가 되었다.

개인 회생을 신청하면 아무래도 생활이 제약될 수밖에 없다. 스스로 원하든 상대방이 피하든 사람들과의 만남도 줄어든다.

지나서 돌아보면 난 직장 생활을 해서인지 일반적인 만남도 이어졌고, 2000년 초부터 시작한 아파트 주민 다섯 집과의 모임도 잘 유지했다. 1994년에 점동면사무소에서 근무했던 직원들 모임도 계속해 나갔다. 생활이 어려워도 지켜 나가야 할 것들이 있는데 그런 면에서 나에게는 행운도 따랐다. 멋진 옷을 입고 비싼 음식을 먹지는 못했지만 전국을 누비며 다녔다. 2009년 문화관광과에서 여주 '여강길'을 추진한 것도, '특급 호텔' 유치를 추진한 것도, 2010년부터 2013년까지 뜨거운 여름과 추운 겨울을 나면서 '4대강 살리기 사업'으로 준설토 매각을 위해 노력한 것도 다 개인 회생 기간이었다. 내게 주어진 일을 하면 되지 위축될 필요는 없었다.

그때나 지금이나 난 정해 놓은 원칙이 몇 가지 있다. 힘이 들어도 좌절하지 말 것, 업무와 집안일을 분리할 것, 스트레스를 음주로 풀지 말 것 등 이 원칙 만큼은 철저히 지켜 나갔다. 그렇게 내 생활을 유지하면서 나름대로 열심히 살았다. 8년이 지나 2013년에 드디어 면책 결정서를 받아 들고는 만감이 교차했다. 그간에 어려움이 없었다고 하면 거짓말일 것이다. 시간이 지나야 비로써 이루어지는 것이 있다. 그래서 난 지금도 말한다. 다 때가 되어야 이루어지는 것이라고. 어떨 때는 그때가 될 때까지 그냥 시간을 보내며 기다려야 하는 것이라고.

'시절 인연'이란 말이 있다. 모든 사물의 현상은 시기가 되어야

일어난다는 불교 용어다. 모든 인연은 다 때가 있어서 그때가 되면
이루어지게 되어 있다. 인연의 시작과 끝도 모두 자연의 섭리대로
흘러간다. 좋은 일이든 나쁜 일이든 일어날 일은 일어나니 당장
힘이 든다고 주저앉아 있게 되면 다음에 올 인연을 어떻게 맞이할
수 있을까. 지치지 않고 기다리며 준비해야 하는 이유다.

시간이 지나가야 비로소 생기는 힘. 잘 기다려야 얻을 수 있고,
맛볼 수 있는 힘. 그게 연륜 아닐까.

그해 여름은 유난히도 뜨거웠다

나의 이야기는 지금도 진행 중

최초가 되는 순간 모든 것이 달라질 것이다

문익점과 같은 마음이었을까

잘못된 입찰

북벌의 칼 가는 소리

끝날 때까지는 끝난 게 아니다

여주 여강길 만들기

황순원 문학촌 소나기마을

그럼, 그냥 편안하게 둘러보고 가세요

여주 프리미엄 아울렛 관광 안내소

사실대로 말하지 않은 대가

내 열심은 어떤 향기로 남았을까

그해 여름은 유난히도 뜨거웠다

2010년 3월에 여주군 한강 살리기 사업 지원단 골재
티에프팀장으로 간 전임 추 팀장이 수시로 연락을 해서 골재
티에프팀으로 오라고 했다. 4월 말쯤이었다. 경험도 없는 내가
어떻게 하냐고 사양은 했지만 추 팀장은 굽힐 마음이 없는 듯했다.
골재 티에프팀 창설 멤버 두 명 중 한 명이 민원인과 트러블이 생겨
한 달만에 다른 곳으로 발령이 나게 되었고, 그 빈자리를 채우려고
하는 것이었다. 그 연락을 받고 나서부터 자꾸 한숨이 나왔다.
'4대강 살리기 사업'은 단군 이래 최대 국책 사업이라고 하지
않았나. 그런 사업에 참여한다는 게 쉬운 일인가. 그러던 중
경기도교육원으로 관광 담당자 교육을 갔다. 마지막 일정으로
9일간의 일본 연수가 계획되어 5월 29일에 출발하게 되어 있었다.
일본 연수를 20여 일 앞둔 5월 7일, 마음이 들떠 있던 내게 인사
발령이 났다. 문화관광과 관광홍보팀에서 재난안전과 골재
티에프팀으로. 그렇게 결정이 되니 이제는 한숨도 나오지 않았다.
걱정만 앞설 뿐이었다.

정부에서는 2009년 하반기부터 '4대강 살리기 사업'을 추진하고
있었고 여주와 양평 구간은 '한강 살리기 사업'이 추진 중이었다.
여주군에서는 준설토를 팔아 천억 원의 지방 재정 수익을
올리겠다고 군수가 공언한 상태였다. 생각만 해도 머리가 아파오기

시작했다. 준설토를 팔아 천억 원을 만드는 게 쉽냐고. 추 팀장은 이 일을 할 수 있는 사람은 나밖에 없다고 하며 재난안전과장이 반대하는 데도 부군수에게 건의해 관철했단다. 그렇다고 내가 '좋아라' 해야 하는지. 발령이 나서 내막을 들어 보니 과장은 이 자리가 승진할 수 있는 자리라고 생각해서 먼저 군수 비서실장 할 때 수행 비서로 데리고 있던 직원과 자치행정과 총무팀 직원 한 명을 복수로 추천했단다. 이에 추 팀장은 나를 추천하며 대립했단다. 이 자리는 착한 사람이 와서 해결할 수 있는 자리가 아니라고, 일을 잘 할 수 있는 사람이 필요하다고 주장했다나. 이 자리가 뭐라고 싸우기까지 하면서 사람을 갖다 앉히는지.

발령이 있고 며칠 뒤 회의에 참석했다. 곧 다가올 여름 장마에 대비해 강가에 준설해 놓은 준설토를 임시 적치장으로 이송해야 했는데 임시 적치장 면적이 작아 일부를 현장에서 판매하기로 결정했다. 그때 내 사무실 책상 위에는 〈한강 준설토 판매 수익성 검토 보고서〉 달랑 한 권 있었다. 현장 판매를 위해서는 준설토를 트럭으로 반출할 때 무게를 측정할 수 있는 계근대를 설치해야 했고, 판매 부스며 계근 프로그램이 있어야 했는데 당시 여주군은 아무것도 준비되어 있지 않았다. 팀장 한 명과 팀원 두 명이 전부였다. 일본 연수는 물건너갔으니 이제는 골재 티에프팀에 적응해야 하는데 어떻게 해야 할지 앞이 깜깜했다. 그래도 이왕 맡았으니 시작은 해야겠지.

현장 판매를 추진하기 위해 알아보니, '금강 살리기 사업'을 추진하는 부여군에서는 이미 현장 판매를 시작했다고 했다. 나는 부여군에 연락해서 현장 판매 장소를 직접 찾아가기로 했다. 다음 날, 아침 일찍 부여군으로 출발해 현장 판매 장소에 가서 현황을 둘러보고 계근대 설치 업체 연락처도 알아보았다. 평택시에서도 같은 프로그램을 사용한다고 해서 평택시도 들러서 알아보고 여주로 복귀했다. 다음 날, 계근대 설치 업체에 전화해서 확인하니 프로그램과 설치 비용이 3천만 원 정도이고 계근대 설치와 세륜장 설치에 1주일 정도 소요되는 것으로 파악되었다. 최소 10일간의 시간이 필요했다. 나는 건설과에 판매 현장 부지 정리를 요청해서 2일간에 걸쳐서 사전 작업을 시작했다.

최단 기간에 판매 시설을 갖추기 위해서는 수의 계약을 추진해야 했다. 업체에 이야기하니 부과세를 포함해서 2천200만 원에 시공하겠다기에 계약을 체결한 뒤 바로 준설토 판매 절차에 들어가서 입찰을 준비했다. 행정안전부 매각 시스템 '온비드'에 입찰 공고한 날이 6월 7일. 발령을 받아 업무를 시작한 지 한 달 만에 모든 준비를 마쳤다. 그 당시 내 나이 40대에는 사업을 추진하는 게 무섭지 않았다. 마음만 먹으면 하는 거지 이리저리 잴 필요도 없었다. 만약 골재 티에프팀으로 발령이 나지 않았다면 일본을 경유해서 상하이 엑스포를 관람하고 있었을 텐데. 그렇게 급하게 추진한 1차분 준설토 현장 판매는 5만 입방미터를 입방미터당 8천700원씩 4억3천만 원에 매각하며 첫 단추를 잘 끼웠다.

임시 적치장인 율극 적치장 준설토 현장 판매를 진행하면서 사무실에 달랑 한 권 있는 〈한강 준설토 판매 수익성 검토 보고서〉를 들여다보며 앞일을 걱정하기를 세 달. 거의 100일 가까이 보고서를 들여다보며 답을 찾았다. 보고서는 크게 두 가지로, 여주군이 준설토를 직접 생산해서 판매하는 방식과 업체에 준설토 원석을 매각하고 외부로 반출해서 선별하는 방식을 제안했고 수익성도 분석해 놓았다. 급하게 만들어서 그런지 오류도 있었는데 보고서를 토대로 내가 내린 결론은, 어떤 방식을 따르든 준설토 3천300만 입방미터를 매각해도 계획된 천억 원의 수익은 발생하지 않는다는 것이었다. 어떻게 해야 할까.

그즈음 여주군에 적치되는 준설토 3천300만 입방미터를 가지고 이익을 챙기려는 수많은 사람들이 한강 살리기 사업 지원단을 찾아왔다. 수십 명은 왔었던 것 같다. 오는 사람들마다 본인들이 '골재 전문가'라고 자신만만했다. 골재는 어떻게 가공되는지, 선별비며 운송비는 얼마나 소요되는지 등등 많은 사람들이 하는 이야기를 들어 보니 어느 정도 나름의 접점을 찾을 수가 있었다. 골재는 물류 그 자체였다. 어디서 생산을 하든 선별비는 비슷했고 골재 가격 또한 비슷했다. 생산된 골재를 어디로 운송하는가에 따라 물류 비용이 상승하는 구조였다. 이것이 나중에 여주군 준설토 판매 방식을 결정하는 데 많은 도움이 되었다.

골재 관련 업자들이 오면 나는 싫은 내색 없이 커피를 타 주고, 커피를 다 마시고 나면 물을 떠 주고 하면서 그들의 이야기를 계속 들었다. 한 명이 올 때도 있지만 두세 명이 함께 오기도 했고, 한 번 올 때마다 짧으면 30분에서 한 시간 가량 있다 가곤 했다. 그때마다 계속 이것저것 대접하며 몇 개월을 그렇게 들어 주었다. 문득, 예전에 읽은 소설 〈사조영웅전〉의 한 구절이 생각났다. 똑똑한 사람이라고 해서 항상 이득을 보는 것도 아니고 우둔한 사람이라고 해서 꼭 손해를 보는 것도 아니라는 내용이었다. 이 경우도 마찬가지였다. 내가 기술직이 아닌 행정직이고 골재 관련 경험이 없으니 전문가를 자처하는 그 많은 사람들은 이렇게 저렇게 나를 구슬려서 자신들에게 유리하게 하려고 얼마나 길게 이야기하겠는가. 골재를 모르는 나는 우선은 다 들어 주며 그들에게서 하나씩 배워 나갔다.

여주군은 공공기관으로 골재를 선별하는 팀을 따로 운영할 수 없어서 준설토를 직접 생산해서 판매하는 방식은 불가능했다. 그렇다고 업체에 준설토 원석을 매각하고 외부로 반출해서 선별하는 방식도 적합하지 않았다. 10년 이상의 기간이 걸려도 끝날 것 같지 않았다. 심하게는 30년이 걸린다는 계산도 나왔다.

게다가 운송비 등 물류비용이 많이 들어 준설토를 높은 가격에 매각할 수도 없었다. 골재는 국가에서 관리하는 품목으로 건설에서는 빠질 수 없는 자재여서 마음대로 높은 가격을 책정할 수도 없는 상황이었다. 그래서 내가 생각해 낸 방식은, 적치장 단위로 준설토를 통째로 매각하는데 매입 업체가 원석을 밖으로 반출해서 선별하지 않고 적치장에서 직접 생산하게 하는 것이었다. 판매 기간을 정해서 그 기간 동안 적치장 임대료를 여주군에서 부담해 주면 매입 업체는 선별 장소를 따로 구하지 않아도 되고 밖으로 반출하는 운송비도 안 드니 준설토를 입방미터당 3천 원대에서 두 배 이상 높은 가격에 매각할 수 있다는 계산이었다.

그때까지 방문하는 골재업계 사람들은 여주군이 직영을 하면 본인들이 선별 사업에 참여해서 수익을 내고자 하는 사람과 적치장 밖에 골재 선별장을 설치하고 준설토를 소량으로 매입해서 선별하고 판매하고자 하는 사람들이 대부분이었다. 내가 생각해 낸 방식을 제시하는 사람은 전무했다.

내가 생각해 낸 방식에 확신이 서자 더 이상 골재업계 사람들 이야기를 들어 줄 필요가 없었다. 오히려 골재업계 사람들에게 내 생각을 들려 주었는데 그들은 무슨 말인지 잘 알아듣지 못했다. 아직까지 경험이 없기 때문이었다. 선별에 참여해서 입방미터당 3천 원씩 선별 비용을 받는 용역에 익숙하지 선별부터 판매까지 책임지고 해 본 적이 없던 것이다. 적치장 별로 쌓여 있는 준설토가 평균 200만 입방미터, 매입가가 입방미터당 6천 원씩이면 120억 원, 여기에 선별비가 입방미터당 3천 원씩이면 60억 원으로 180억 원이다. 과연 이런 규모의 골재 사업을 해 본 업자가 있겠는가. 그저 하천 옆에 논 3천 평 정도를 육상 골재 허가 내고 1-2억 원 정도의 소규모 수익을 내봤을 뿐이다. 좀 더 크게 해 봤다고 하면 석산이나 산림 골재 사업 정도다. 그것들도 규정대로 하면 수익이 나지 않으니 불법으로 허가받은 것 이상으로 건드려 문제를 일으키곤 했겠지.

율극 적치장 현장 판매 1차분을 매입한 업체에서 관심을 보였다. 준설토 5만 입방미터를 매입한 뒤 거의 본전에 가까운 비용을 들여 기존에 납품하던 거래처를 관리하기 시작했다고. 거래처에 납품을 하지 못하면 영업에 큰 타격이 있어서 이렇게라도 한다고. 고기도 먹어 본 사람이 더 잘 먹는다고 했던가.

2010년 하반기가 되자 여주군 일반 회계에서 전출받은 56억 원으로 2010년 9월에 1년분 적치장 임대료 48억 원과 적치장 관리자 인건비, 관리 비용 등을 지출하고 나니까 적치장 19개소를 관리할 최소한의 비용도 남지 않았다. 이에 관리비 마련을 위해 대신면 양촌지구에서 30만 입방미터를 현장에서 판매하기로 결정했다. 계획대로라면 18억 원의 관리비를 충당할 수 있었다. 소량의 준설토 현장 판매는 임시 방편일 뿐 궁극적인 해결책은 아니었다. 계획한 대로 〈한강 준설토 판매 계획 보고서〉를 만들어 군수에게 보고한 뒤 본격적인 판매를 추진했다. 우선 판매 대상으로 민원이 많고 하자가 있는 적치장을 선정했다. 첫번째가 귀백 적치장, 두번째가 천송 적치장, 세번째가 금사 적치장, 네 번째가 보통초현 적치장이었다.

귀백 적치장은 두 군데로 나눠서 130만 입방미터를 적치했는데 한 군데가 바로 하천 옆이었고 나중에 생태 공원 조성 대상지였다. 하천 옆에 적치한 25만 입방미터 상당의 준설토를 따로 매각하든지 조기 판매해야 생태 공원 조성을 추진할 수 있었다. 25만 입방미터를 따로 팔려고 하니 입방미터당 3천 원에도 가져가려는 사람이 없었다. 사실 준설토 25만 입방미터가 담당자인 내 기준으로나 작은 양이지 업체가 매입해서 반출한다고 하면 이송해서 쌓아 놓을 장소조차 찾기 어려운 양이었다.

천송 적치장은 바로 옆이 도자기 공장이었다. 도자기 공장 담장 옆까지 준설토를 적치해 소음은 물론 생산되는 백자에 불순물이 박혀 불량품이 대량으로 발생되는 민원이 발생했다. 이를 처리하는 과정에서 내 전임자가 다른 곳으로 발령이 나기도 했다. 내가 골재 티에프팀으로 끌려오게 된 원인인 적치장이었다. 적치량은 100만 입방미터. 적치장 효율이 엄청 나빠서 임대료만 나가고 적치는

계획 대비 50퍼센트밖에 못하는 실정이라 빨리 처분해야 할
대상이었다.

금사 적치장은 당초 100만 입방미터를 적치할 계획이었는데 여러
가지가 복합된 문제가 있었다. 강 건너 양평군에서 체육공원
조성지에 성토를 하겠다고 해서 30만 입방미터를 강 건너에
적치하고 당초 확보한 적치장 규모도 축소해야 했다. 남아 있는
준설토 70만 입방미터 가지고는 수익성이 없었고 성분 또한 나빠
상품성도 떨어졌다.

보통초현 적치장은 적치장 내 농로를 놔둔 채 9개소로 분리해서
적치해 놓아 장기적으로 관리하는 데 문제가 될 소지가 많았다.

2010년 12월, 계획한 대로 귀백 적치장을 먼저 공개 입찰했다.
결과는 두 번이나 유찰되었다. 입찰에 적어도 두 업체가 참여해야
하는데 한 개 업체만 참여했다. 참여 업체는 수의 계약을 해 달라고
했다. 조건은 되었다. 입찰은 입방미터당 5천600원이었는데 수의
계약으로 입방미터당 5천700원을 제시해서 계약을 추진했다.
1억3천만 원 높은 가격으로 계약을 완료했다. 문제가 많은 하천
변의 25만 입방미터도 입방미터당 2천700원씩 더 받았으니
6억7천만 원 상승했다. 묶어서 매각해 처음보다 8억 원의 이득을
본 셈이었다. 총 매각 금액 74억 원. 내가 계획한 대로 적치장

준설토 전체 물량을 통째로 매각해서 처음으로 계약한 금액이고
성과였다.

이듬해인 2011년, 금사 적치장과 천송 적치장을 한꺼번에 공개
입찰했다. 한 업체에서 낙찰받았다. 금사 적치장은 45억 원, 천송
적치장은 61억 원에 낙찰되었다. 국가 보훈 단체가 지속적으로
요구해 와서 평소 관리에 문제가 있던 보통초현 적치장 314만
입방미터를 입방미터당 6천 원에 수의 계약을 추진했다. 매각
대금은 188억 원. 그때부터 여주군 준설토 가격이 입방미터당 6천
원 상당으로 결정되었다. 당초의 보고서보다 두 배나 높은
금액이었다. 그리고 2년 뒤인 2013년에 율극 적치장 200만
입방미터를 140억 원에 입찰한 뒤 나는 골재 티에프팀을 떠나게
되었다.

여기까지가 미지의 분야에서 준설토 880만 입방미터를 팔아 500억
매출을 올린 이야기다. 아무도 가지 않은 길이고 쉽지 않은
선택이었다. 그해 여름은 유난히도 뜨거웠다.

나의 이야기는 지금도 진행 중

2010년 대통령이 앞장서서 '4대강 살리기 사업'을 추진하던 때 여주군 한강 살리기 사업 지원단 골재 티에프팀 추 팀장이 책 한 권을 소개했다. 스티븐 앰브로스(Stephen Ambrose)의 저서 《불굴의 용기》. 미국과 세계 역사를 바꾼 루이스와 클라크의 열정과 도전 이야기다. 당시는 강에서 준설한 준설토를 관리하고 매각하는 업무를 담당하고 있었는데 아마도 같이 근무하는 팀원인 나에게 동기부여도 할 겸해서 그 책을 권했던 것 같았다. 책의 내용은 미국의 루이스와 클라크라는 두 장교가 제퍼슨 대통령의 명을 받고 역사적 탐험을 하는 내용이다. 그들은 매우 험난한 여정을 겪으며 결국 임무를 완수했고, 그것은 미국의 역사상 대단한 업적이 되었다. 역사적인 탐험에 도전한 두 장교와 마찬가지로 우리도 '4대강 살리기 사업'이라는 미지의 국책 사업에 도전해 보자는 이야기일 것이었다.

뭐 틀린 이야기는 아니었다. 그 당시에 티에프팀은 많은 대화를 했었다. 출장을 가는 차 안에서, 저녁 식사 자리에서 등등 기회만 있으면 대화하고 또 대화했었다. 1987년 '한강 종합 개발'이 끝나고 20년이나 지난 뒤라서 국토부나 경기도에 근무하는 누구도 '한강 종합 개발'에 대한 경험이 전무한 상황이었다. 다들 자신을 갖고 추진할 수 없어 조바심을 내던 시기였다. 무수한 회의를

개최했고 4대강 추진 본부와 국토부에서 연일 당국자들이
내려왔다.

미국은 1803년 프랑스 황제 나폴레옹으로부터 광대한 영토
루이지애나를 1500만 달러에 사들였다. 루이지애나를 포함한
미국의 영토가 과연 미국의 동부에서 서부 어디까지인지 확인하기
위해 무엇인가 조치가 필요했던 제퍼슨 대통령은 자신이 믿을 수
있는 장교를 추천받아 탐험을 지시했다. 루이스와 클라크는 863일
동안 8천 마일의 대장정을 완수하며 서부 개척의 역사를 여는
계기를 마련했다. 두 사람의 업적으로 미국은 지금의 영토를
확정하게 되었다. 책에는 두 장교가 어떤 일을 겪는지, 어떻게
위기에 대처했는지 자세히 나오는데 그 내용이 마음을 울릴 때가
많았다. 두 장교가 성공한 탐험이 미국의 역사에 미친 영향을
생각하면 마음속에서 우러나오는 경의를 표하게 된다. 내용이 너무
방대해서 좀 지루한 감이 없지 않았지만 기왕에 보게 된 거 힘을
내어 마저 읽자고 스스로를 부추기며 몰입하곤 했다. 결말이 다소
아쉬웠다. 루이스는 성취한 뒤 공허감에 빠져 권총으로 자살을
했고, 현실적인 클라크는 자신이 겪은 탐험의 내용을 책으로
발간해서 부를 향유하게 되었다. 책을 읽은 당시만 해도 루이스의
입장을 알 것도 같고 모를 것도 같았다.

10여 년이 지난 지금의 나는 어찌 보면 루이스를 이해할 수 있을 것

같다. 나는 2010년 5월 7일에 발령을 받아 2013년 3월 7일까지 1036일간 한강 살리기 사업 지원단에서 근무했다. 미지의 영역이라 하는 일마다 낯설고 서툴렀지만 나중에는 내가 한 일들이 기준이 되었다. 약속된 포상이나 영전은 없었지만 결국에는 맡은 일을 성공적으로 완수했다. 준설토 판매 기준을 만들었고, 한강 준설토의 25퍼센트 정도인 880만 입방미터를 매각해서 550억 원의 매출을 올렸다.

루이스와 클라크의 탐험이 미국의 미래를 열었듯이, 나의 도전도 국책 사업의 한 부분을 담당해서 작게나마 새로운 기준을 세웠다고 믿는다. 그들이 미지의 세계를 두려움 없이 개척했던 것처럼 나 역시 열정을 갖고 도전에 임했었다. 이제 그때의 고된 순간들은 다 지나갔고 그 모든 순간은 지금의 나를 만들어 냈다.

한강 살리기 사업 지원단을 떠난 뒤 마음의 동요도 심했지만 10여 년이 지난 지금, 나는 지난 경험을 글로 남기며 또 다른 도전을 시작한다. 내 이야기가 누군가에게 작은 힘이 되고 새로운 길을 찾는 데 도움이 되기를 바란다. 모든 도전은 끝이 아니라 또 다른 시작이다. 나의 이야기는 지금도 진행 중이며 새로운 도전을 통해 계속 쓰여질 것이다.

최초가 되는 순간 모든 것이 달라질 것이다

2010년 5월, 갑작스러운 발령으로 한강 살리기 사업 지원단 골재 티에프팀에 합류하게 되었다. 당시 이 변화는 너무 갑작스러웠고 준비가 되어 있지 않아 매우 암담하게 느껴졌는데 나중에는 그 상황이 내 인생에서 가장 중요한 교훈을 얻게 해 준 계기가 되었다. 발령 당시 나는 준설토 판매 업무를 맡게 되었다. 마케팅에 대해 전혀 알지 못했던 나는 준설토 판매 계획을 수립하기 위해 고민해야 했다. 그때 우연히 읽게 된 마케팅의 전설 알 리스(Al Ries)와 잭 트라우스(Jack Trout)의 저서 《마케팅 불변의 법칙(The 22 Immutable Laws of Marketing)》에서 큰 영감을 얻게 되었다. 22개의 마케팅 법칙 중에서 '더 좋기보다는 최초가 되는 것이 낫다'는 '선도자의 법칙'이 내 업무 방식을 완전히 바꿔 놓았다. 어차피 처음 가는 길, 미숙하지만 자신을 갖고 시작하기로 결심한 것이다. 이는 단순히 업무 수행에 그치지 않고 리더십과 실행력에 대해 깊은 생각을 갖게 했다.

준설토 판매 업무를 처음 시작할 때는 작은 입찰 금액으로 출발했지만 이를 기반으로 차근차근 판매 규모를 키워 갔다. 결과적으로 초기에 5억 원 입찰이 나중에는 800억 원 이상의 매출로 이어졌다. 이 과정은 단지 숫자의 성장이 아니라 최초로 도전하고 개척하는 것이 얼마나 중요한지를 몸소 느낄 수 있었던 과정이었다. 처음에는 시장과 업무에 대한 이해가 부족했지만 기존 방식에 얽매이지 않고 새로운 접근 방식을 모색하고자 했다.

준설토를 관리하는데 드는 비용으로 적치장 임차료가 연간 48억 원 가까이 소요되었다. 이대로라면 목표했던 수익이 발생하지 않았다. 대책이 필요했다. 나는 준설토 판매의 단위를 소규모의 판매 방식에서 적치장 단위인 대규모 판매 방식으로 바꾸었다. 그때까지 업체들은 소량의 준설토를 매입해서 외부로 반출하는 방식으로 알고 있었는데 적치장 단위로 대량으로 매입해 현장에서 선별하고 생산하는 방식이 더 유리하다고 지속적으로 설명해 주었다. 결국에는 5억 원 규모의 입찰에도 참여를 망설이던 업체들이 70억 원, 100억 원 규모의 입찰에도 참여하게 되는 성과를 이끌어 냈다.

업무를 진행하는 동안 실패와 좌절도 적지 않았다. 입찰에서 실패하거나 예상과 다른 결과가 나왔을 때도 많았다. 한 번은 모래를 현장에서 판매하려고 30억 원 규모의 입찰을 추진했는데 해당 지역 토지 보상이 끝나지 않은 상황이었다. 다행히 유찰이 되는 바람에 조용히 넘어갔다. 이렇게 사고도 쳤지만 실패를 인정하고 이를 교훈으로 삼아 전략을 수정해 나갔다. 중요한 것은, 실패를 피하려고 멈춰 서는 것이 아니라 실패를 통해 더 나은 길을 찾는 것이었다.

'선도자의 법칙'에서 강조하듯, 더 좋은 것을 만들기 위해 머뭇거리기보다 용기를 갖고 시작하는 것이 필요하다는 것이다. 이것도 시간이 지나서야 말할 수 있는 결과론적인 이야기라고 치부할 수 있지만 나는 이렇게 이야기할 수 있는 몇 안 되는 사람 중 하나다. 왜냐하면 나는 그 일을 실제로 해 본 사람이기 때문이다.

인류 최초로 달에 간 세 명의 우주 비행사 중 달에 첫 발자국을 남긴 '닐 암스트롱(Neil Armstrong)'은 다들 잘 알지만 나머지 두 명은 잘 모른다. 또 최초로 비행에 성공한 '라이트 형제(Wright Brothers)'는 다들 잘 알지만 두번째로 성공한 사람은 잘 모른다. 모두의 기억 속에 최초가 되는 것은 어렵고 힘들다. 그러나 최초가 되는 순간 모든 것이 달라질 것이다.

문익점과 같은 마음이었을까

2010년 5월, 내가 한강 살리기 사업 지원단 골재 티에프팀으로 발령을 받고 조금 시간이 지났을 때였다. 어느 날, '4대강 살리기 사업'을 지원하기 위해 서울지방국토관리청에 파견되었던 한 직원이 찾아와 유에스비(USB) 하나를 건네주었다. 파견 나가서 일할 때 사용하던 자료라면서. 걱정스러운 마음에 찾아온 듯했다. 고맙다는 인사를 전하고 유에스비를 살펴보니, 4대강 살리기 사업 추진 본부와 서울지방국토관리청 간의 업무 연락과 보고 자료 등이 들어 있었다. 그 자료를 두 달에 걸쳐 조금씩 살펴보았다. 주로 현황 자료에 집중하며 '4대강 살리기 사업'의 추진 배경을 이해하는 데 도움이 될 정도로만 활용했다. 자료는 컴퓨터 한쪽에 잘 보관해 두었다.

2011년 12월, 서울지방국토관리청에서 〈4대강 준설토 처리 지침〉 개정 통보 문서가 도착했다. 기존 지침은 국가와 지자체가 수익금을 50:50으로 배분하고 수익금 사용에 제한이 없었는데 개정된 지침은 지자체 수익금을 하천 유지에 재사용하라는 내용이었다. 이로 인해 여주군이 추진하려던 준설토 판매 사업의 필요성이 사라지고 말았다. 하천 유지 관리는 국가 사무였다. 그런데도 우리는 준설토 매각 사업을 위해 13명을 정원으로 하는 '사업단'까지 꾸렸다. 이 문제를 보고하니 과장은 반문했다.

하천에 재사용하라는데 그게 뭐가 문제냐고. 시설직 팀장과 직원도 같은 의견이었다. 문제가 무엇인지 모르는 것이었다. 나는 당초에 서울지방국토관리청과 맺은 '골재 협약'을 설명하며 협약상 지자체 수익금 사용에 제한이 없었음을 알렸다. 당시 여주군이 예상했던 수익은 천억 원으로 이는 시청사 건립 등에도 사용할 수 있었다. 실제 매각으로 얻을 수익은 500억 원 수준이지만 기대 수익은 천억 원이었다.

군수에게 보고하니 문제의 심각성을 이해하고, 법률 자문을 통해 대응 방법을 찾으라는 지시가 내려왔다. 〈4대강 준설토 처리 지침〉을 개정한 배경도 너무 어이없었다. 충청남도의 한 국회의원이 국정 감사에서 따졌단다. 준설토 판매 수익을 왜 지자체에 주느냐고. 그러자 4대강 살리기 사업 추진 본부는 고민도 없이 지침을 개정했단다. 무려 1년간, 2012년 12월까지 여주군과 4대강 살리기 사업 추진 본부는 갈등을 이어갔다. 결국 여주군이 승리해 〈준설토 처리 지침〉을 다시 개정하게 되었다.

여주군이 승리한 배경은 너무나도 명쾌했다. 특임장관실은 행정안전부, 국토부, 4대강 살리기 추진 본부 등 관련 부처를 모아 상황을 논의했단다. 행정안전부는 4대강 살리기 추진 본부가 일방적으로 지침을 개정했기 때문이라고 보고했고, 이에 특임장관은 여주군의 의견대로 처리하라고 결정했단다.

여주군이 논리에서 밀리지 않고 강하게 맞설 수 있었던 이유는 서울지방국토관리청에 파견 나갔던 직원이 건네준 그 유에스비에 있던 자료 덕분이었다. 그 자료 중에 국토교통부가 작성한 〈4대강 행정 절차 방안〉이 있었다. 준설토 매각 사업은 민법에 따라 협약을 맺어야 하며 이 협약은 일방적인 지침 개정으로 강제할 수 없다는 내용을 담고 있었다. 이 내용을 근거로 제시하자 4대강 살리기 사업 추진 본부는 1년간 답변을 내놓지 못했다.

여주에는 문씨 집성촌이 있다. 고려 시대에 목화의 유용한 쓰임을 알고 멀리 원나라로부터 목화씨를 들여온 위인 문익점의 사당 '매산서원'도 있다. 문익점의 고향은 산청인데 사당이 여주에 있는 이유는 1461년 문익점의 손자 문지창이 여주에 은거했기 때문이다. 문지창은 '삼우사'를 세웠고 현재까지 후손들에 의해 보존되고 있다. 사신으로 원나라에 갔다가 돌아오는 길에 붓두껍 속에 목화씨 몇 알을 숨겨 가지고 왔다는 문익점의 일화는 모르는 이가 없을 정도로 유명하다. 작은 도움이라도 주고자 나에게 유에스비를 건네준 그 직원도 문익점과 같은 마음이었을까.

잘못된 입찰

2010년, 나는 공무원 18년 차로 '4대강 살리기 사업'에 차출되어 근무했다. 준설토 판매를 담당하고 있었다. 사업 초기에 준설토 판매를 결정하는 요인은 다양했다. 강변에 임시로 적치해 놓아서 유실을 방지하기 위해 조기 판매를 추진했고, 운영비가 부족해서 현장 판매를 추진했다. 그러던 중 세번째 추진했던 입찰이었는데 현장 판매 요건을 갖춘 물량이었다. 워낙 품질이 좋아서 적치장으로 이송하기보다는 현장 판매가 적합했고, 매입 업체가 달려들 여지가 충분하다고 판단했었다.

자신만만하게 30억 원 정도 규모의 입찰을 추진했는데 결과는 유찰되었다. 업체들이 5억 원 정도의 규모는 감당했는데 30억 원 정도의 규모가 되니까 선뜻 참여하지 못하는 것이었다. 재입찰을 추진하려던 때 옆팀에서 토지 수용 결과에 대해 들었다. 공교롭게도 이번에 입찰했던 물량이 쌓여 있는 장소였다. 나는 사업 대상지 전체를 국가에서 매입해 문제가 없을 줄 알았는데 실상은 그렇지 않았다. 딱 한 필지가 정상 매입이 되지 않아 수용을 결정했고, 토지주는 이에 불복해서 중앙토지수용위원회에 재결을 신청했던 것이다.

이번 준설토 현장 판매가 유찰된 것은 천만다행이었다. 만약에 낙찰이 되었으면 어쩔 뻔했을까. 이는 필시 하느님이 나를 도운 것이었다. 얼마간의 시간이 지나 중앙토지수용위원회의 최종 결론이 나왔다.

나는 당황하지 않은 척 준설토 현장 판매 재입찰을 추진했다. 이번에는 정상적으로 낙찰이 되었고 계약도 차질 없이 진행되었다. 난 지금도 내가 잘나서 일이 잘 된다고 생각하지 않는다. 하늘도 돕고, 누군가도 돕고, 스스로도 도와서 되는 것이다. 혼자서 되는 것은 그리 많지가 않다.

북벌의 칼 가는 소리

2009년 봄, 여주군에 주둔한 군부대 62여단에서 연락이 왔다.
키 리졸브(Key Resolve) 훈련을 마치고 복귀하는 미국 훈련단에게
여주를 관광하게 하고 싶은데 지원이 가능하냐는 것이었다.
당시 김근태 1군사령관이 제안해서 추진하는 것으로, 한글을
창제한 세종대왕이 잠들어 있는 '영릉'과 천년 고찰 '신륵사' 등
한국의 우수한 문화를 미군들에게 보여 주고 싶다는 것이었다.

키 리졸브 훈련은 한미 동맹이 대한민국을 방어할 준비 태세를
갖추기 위해 계획한 연례적인 지휘소 훈련으로 양국 군은 어떠한
도발에도 대응할 수 있는 훈련을 한다. 연습의 시나리오는 양국
군의 위기 관리와 지휘 통제에 중점을 둔단다. 미국 훈련단 규모는
100여 명 정도였다. 우선 요약 보고서를 만들어 군수에게 보고하니
추진하라고 했다. 당연히 보도 자료의 제공과 함께. 그렇게 나는
미국 훈련단 여주 투어를 준비했다.

미국 훈련단 여주 투어는 두 파트로 나누어 성공적으로
진행되었다. 여주는 작은 도시이지만 한국 문화를 알리는 데
부족함이 없는 도시다. 유네스코에 등재된 세종대왕 묘소인
영릉(英陵)을 비롯해서 효종대왕 묘소인 영릉(寧陵), 천년 고찰
신륵사, 명성황후 생가 등 누구라도 아는 역사적 유적이 많다.

효종대왕을 보필해서 북벌을 준비하던 이완 장군과 거란의 침입을
담판으로 물리친 서희 선생이 잠들어 있는 묘소도 있다.

미국 훈련단 여주 투어 중간에 나는 62여단장과 대화도 나누었다.
여주에는 조선의 역대 왕들 가운데 외세를 정벌하고 북벌을 계획한
세종대왕과 효종대왕이 잠들어 있는데 해군사관학교 생도들이
현충사를 참배하는 것과 마찬가지로 육군사관학교 생도들이
정기적으로 '영릉'을 참배하면 어떻겠냐고 평소에 갖고 있던
생각을 이야기했다. 그러자 62여단장은 육군사관학교에 지인이
있으니 연락해 보겠다고 했다. 매년 5월 '세종대왕 탄신일'이나
10월 '한글날'에 육군사관학교 생도들이 '이완장군묘'에서부터
행군해 '세종대왕릉' 입구까지 와서 제복으로 갈아입고 행진을
하면 하나의 근사한 퍼포먼스가 될 거라고 구체적인 내용까지
이야기하니 좋은 아이디어라고 칭찬하며 추진해 보라고 응원해
주었다.

다음 날, 나는 그 내용을 정리해서 제안서 공문을 만들었고, 곧바로
육군사관학교로 발송했다. 며칠 뒤에 육군사관학교 관계자로부터
전화가 왔다. 제안서를 검토했는데 중국과의 관계도 고려해야 해서
그 제안을 쉽게 받아들일 수 없단다. 또한 육군사관학교 생도들이
워낙 많은 행사에 참여하다 보니 여러모로 지장이 많단다. 지방
도시 일개 공무원이 올린 제안서 하나에 외교 문제까지

거론하다니. 아무튼 아쉽게 되었다. 국난을 타개해서 오늘의 이 나라를 물려준 호국 선열들에게 감사하는 마음 일깨우는 우리 고장 여주의 유적에서는 아직도 북벌의 칼 가는 소리 들린다. 이 소리가 나에게만 들리는 걸까.

끝날 때까지는 끝난 게 아니다

2009년 봄, 문화관광과에서 근무하며 경기도인재교육원에서 한 달간 관광 담당자 교육을 받고 있던 중이었다. 사무실 상황이 궁금해서 전화를 해 보니 동료 직원이 하는 말이, 팀장의 심기가 좋지 않단다. 군수가 경기도와 '특급 호텔 유치'를 위한 엠오유(MOU)를 체결하라고 지시했다는데 팀장은 작은 자치단체인 여주군이 경기도와 엠오유를 체결하는 게 불합리하다고 생각한단다. 교육을 마치고 사무실에 들러 팀장의 생각을 자세히 들어 보고 나서 나는 이전에 경기도로부터 받은 관련 공문이 군수의 지시 배경일 수 있다고 하면서 그 공문을 찾아다 보여 주었다. 오해는 금방 풀렸다. 생각을 바꾸면 쉬운 일이었다. 그렇게 '특급 호텔 유치' 업무가 본격적으로 시작되었다.

당시 경기도지사의 3대 공약 중 하나가 '특급 호텔 유치'였다. 경기도는 관광객 유치와 국제 학술 세미나 개최 공간 부족 문제를 해결하기 위해 이를 중요한 목표로 설정했다. 이에 따라 여주군은 신륵사 관광지 내 연양지구에서 콘도 사업을 계획 중이던 동광토건과 협력해서 호텔 건립 사업으로 변경하는 계획을 추진하게 되었다. 동광토건은 콘도 부지가 협소하니 추가 부지를 매각해 달라고 요청했고, 여주군은 이를 지원하기 위해 경기도,

여주군, 동광토건 간 엠오유 체결을 준비했다.

호텔 건립 예정지는 관광지 내 공유지였으며 이를 매각하려면
회계과의 협조가 필요했다. 그러나 회계과 공유재산팀은 매각 추진
계획서에 서명하지 않았다. 문화관광과는 사업의 연속성을 위해
추가 공유지는 수의 계약으로 매각해야 한다는 입장이었고,
회계과는 공유지 매각은 입찰 방식으로 해야 한다고 주장했다.
입찰 방식으로 진행하면 다른 업체가 입찰에 참여해 애초 호텔
건립을 시작한 동광토건과 일을 계속할 수 없는 문제가 발생할 수
있었다. 동료 직원이 한 달간 여러 차례나 회계과를 찾아갔지만
진척이 없었다. 입장 차이가 컸다.

과장은 경기도 회의 참석 중 나에게 별도로 법무팀을 찾아 자문을
구하라고 지시했다. 경기도청 법무팀은 회계과에서 판단할
사항이라고 했고, 경기도청 회계과를 찾아가서야 답변을 들을 수
있었다. 관광진흥법에 따라 수의 계약으로 매각이 가능하다고.
순간 답답하던 속이 시원하게 뚫렸다. 이를 바탕으로 여주군은
경기도청 회계과에 법령 질의를 보내 회신을 받았다. 이를 근거로
수의 계약에 의한 공유지 매각 계획이 군수 승인을 거쳐
진행되었다.

여기서 끝난 게 아니었다. 의회의 승인을 받는 과정에서 문제가

발생했다. 의회는 공유지를 매입한 업체가 토지만 확보하고 사업을
추진하지 않는 경우가 우려된다며 이를 부결시켰다. 이에 법무사의
조언을 받아 '환매 특약 등기'를 도입했다. 이는 2년 내 사업
착수가 이루어지지 않을 경우 토지를 환매할 수 있는 장치로,
지방자치단체에서는 생소한 방식이었다. 재차 의회의 승인을
요청하면서 환매 특약 등기를 약속했고, 결국 승인을 얻어냈다.

그 뒤로 여주군은 경기도 및 동광토건과 엠오유를 체결하고 호텔
건립을 위해 수의 계약에 의한 공유지 매각을 진행했다. 경기도는
관광지 진입도로 확장 사업비 50억 원 지원과 취득세 100퍼센트
감면을 약속했으며, 동광토건은 천억 원을 투입해 호텔 건립을
추진했다. 엠오유를 체결한 뒤에도 난관은 이어졌다. 경기도의
취득세 감면 심의가 여름 휴가철로 인해 지연되는 바람에 기일을
놓칠 뻔했고, 여주군의 오수 처리 문제 협의도 여러 차례 난관에
부딪혔다. 하수사업소와의 협의가 관련 부서 간 열세번째
협의였다.

회계과 공유재산팀장은 끝까지 입찰 방식을 고수하며 아쉬움을
표했다. 업무 협의차 회계과에 들른 나를 따로 불러서 자신은
아직도 입찰이 맞다고 본다고 주장했다. 끝났다고 생각했는데 끝난
것이 아니었다. 이러한 내부 갈등 속에서도 사업은 꾸준히
진행되었다.

마침내 2013년 6월에 '여주썬밸리호텔'이 준공되었다. 세미나 장소나 결혼식 연회장으로 인기 있는 이 호텔은 현재 지역 주민들에게 사랑받는 시설로 자리잡았다. 돌아보면 과정은 끊임없는 도전과 협력의 연속이었다. 복잡한 행정 절차와 내부 갈등 속에서도 끝까지 포기하지 않은 노력 덕분에 지역 발전을 이끌 중요한 기반을 마련할 수 있었다. 이를 통해 많이 배웠다. 끝날 때까지는 끝난 게 아니다.

여주 여강길 만들기

2009년 봄 어느 날, 여주군 환경운동연합 이사가 서류 몇 장을 들고 찾아왔다. 문화체육관광부에서 진행하는 '전국 7대 이야기가 있는 문화 생태 탐방로 공모 사업'에 여주군이 참여해 달라는 요청이었다. 처음에는 그다지 내키지 않았다. 당시 전국적으로 제주 '올레길'이 인기를 끌자 지자체마다 유사한 사업에 뛰어들고 있었기 때문이었다. 그러나 팀장이 자꾸 옆구리를 찌르길래 우선 접수부터 하자고 했다. 그렇게 여주 여강길 조성 사업을 응모했고, 운 좋게도 1차 심사를 통과해 최종 선정의 가능성을 열었다. 이것은 앞으로 험난한 과정이 남았다는 신호에 불과했다. 생태 탐방로로써의 적합성, 운영 단체의 역량, 스토리텔링, 자치단체장의 관심도 등등이 종합적으로 면밀하게 평가되기 때문이었다. 사실 여주군 환경운동연합은 운영 단체로서의 역량이 부족했다. 대표와 주요 임원은 구성되어 있는데 활동이 미약했다. 그래도 환경운동연합이 앞장서야 여주 여강길 조성 사업의 의미가 확장될 수 있었다.

여주 여강길 조성 사업에는 여주군 환경운동연합 대표와 집행위원장 그리고 여주군청 추 팀장과 내가 참여했다. 여강길이 '강길'이니 물을 뜻하는 수(水)요일에 매주 만나기로 하고 코스 개발과 스토리텔링 작업을 이어갔다. 각 구간마다 이야기를 만들고 코스를 정비하며 사업을 추진하는 동안, 여주군 문화 관광을 위해 하나로 협력하자는 원칙도 세웠다. 이 원칙은 사업의 성공을 위한 필수 조건이었다. 여주 여강길의 완성을 위해서 롤 모델이 되는 제주 올레길도 답사했다. 중간 평가단 심사를 대비해 목아박물관장의 도움을 받아 흔암리 아홉사리길 입구에 장승도 설치하고, 도보 여행자들이 다칠까 우려해 날카로운 나뭇가지들을 일일이 톱으로 정리하는 등 할 수 있는 것은 다했다. 그렇게 여주군 문화 관광을 위해 다들 열심이었다.

그렇게 여주 여강길 조성에 열중하던 때 뜬금없이 문체부 담당자가 단체장의 관심도가 부족하다며 문제를 제기했다. 이는 사업의 방향성을 흔들고야 말았다. 게다가 '4대강 살리기 사업'이 추진되면서 여주군 환경운동연합이 이를 반대하는 입장을 취해 내부적으로도 갈등이 발생했다. 특히, 민간인 심사단과 4대강 반대 사제단이 여주 여강길 코스에서 마주친 사건은 사업의 위기를 고조시켰다. 이 일로 인해 팀장과 나는 인사과장에게 한소리 들었다. 두 사람은 '4대강 살리기 사업'을 반대하는 여주군 환경운동연합에 군자금을 대주고 있는 거라고.

나는 여주군 환경운동연합 관계자들에게 '4대강 살리기 사업'에 협력하지 않으면 여주 여강길 조성 사업에서 여주군이 빠질 수밖에 없다고 강경한 입장을 전했다. 그 뒤로 여주군 환경운동연합 ·

집행위원장이 여주 여강길 조성 사업에서 물러났고, 우리는 다시 협력의 틀을 다지게 되었다.

우여곡절 끝에 여주 여강길은 '전국 7대 이야기가 있는 문화 생태 탐방로'로 선정되었다. 사업비 2억 원을 지원받아 탐방로 각 구간에 안내 표지판과 화장실 등 편의 시설을 설치했다. 생태 해설사도 양성했다. 여주 여강길 이야기를 담은 책자도 제작해서 홍보와 스토리텔링을 강화했다. 그렇게 여주 여강길은 단순한 도브 탐방로를 넘어 지역 문화와 생태를 연결하는 상징적인 장소가 되었다. 그 뒤로도 다른 지자체의 유사 사업이 유명무실해지는 가운데 여주 여강길은 지속적인 관리와 개선으로 독자적인 길을 잘 걷고 있다.

여주 여강길 조성 사업은 단순한 탐방로 개발을 넘어, 갈등 속에서도 목표를 이뤄낼 수 있다는 값진 교훈을 남겼다. 특히 여주 여강길은 지역 문화와 생태를 연결하며 여주의 정체성을 강화하는 데 기여했다. 여주 여강길 조성 사업은 내가 경험한 가장 도전적이면서도 의미 있는 여정 중 하나였다. 앞으로도 여주 여강길이 사람들과 자연을 이어 주는 연결고리로 계속해서 성장하기를 바란다.

황순원 문학촌 소나기마을

2009년 봄, 경기도인재개발원에 관광 담당자 교육을 가게 되었다.
경기도 31개 시군 관광 담당자들이 참여한 교육은 한 달간
진행되었다. 많은 일들이 있었고, 서로서로 재미있는 이야기도
오갔다. 그 중에서도 양평군에서 온 후배 공무원이 황순원 문학촌
소나기마을 조성 과정을 이야기했는데 배울 만한 게 참, 많았다.
전하자면 대강 이러한 이야기다.

양평군이 경기도에서 추진한 사업 공모에 '황순원 문학촌
소나기마을 조성 사업'을 신청해서 60억 원의 사업비를
지원받았단다. 아마 국비가 50억 원이고 도비가 10억 원이었을
것이다. 나중에 자료를 찾아보니 당초보다 사업비가 늘어서 전체
조성비가 114억이었는데 사업비의 절반을 지원받은 것이었다.
이로써 양평군은 관광 자원이 하나 더 생긴 것이다.

소설 〈소나기〉로 유명한 황순원 작가는 고향이 이북이고,
사후에는 경기도 광주시에 안장되었단다. 황순원 작가와 연고가
있다고 하면 그래도 광주시에 있을 것인데 뜬금없이 양평군이
소나기마을을 조성하겠다고 나서니 당연히 도청 담당자나
관계자들이 의아해했단다. 양평군이 황순원과 무슨 관계가
있냐면서.

양평군이 관계자들을 설득한 주장은 하나였단다. 소설 〈소나기〉에
나오는 지명은 '양평읍' 밖에 없다는 것. 소설 속에는 소녀가
마을을 떠난 뒤 소년의 어머니와 아버지가 대화하는 장면이
나온다. '어디로 이사갔느냐'는 어머니의 물음에 '양평읍으로 이사
갔다'고 아버지가 대답한다. 양평군 공무원은 이 점에 착안해서
사업을 기획했단다. 황순원 작가가 교수로 재직했던 경희대학교가
협력하기도 했단다.

소설 〈소나기〉 중 일부 내용에서 황순원 작가와 양평군과의
연고를 찾아내 '황순원 문학촌 소나기마을'을 조성했다는
공식적인 설명 외에도 떠도는 이야기들은 많다. 황순원 작가의
고향이라고 할 수 있는 '평양'을 거꾸로 하면 '양평'이 된단다.
황순원 작가는 한국전쟁 때 두 번의 피난 생활을 했는데 전쟁이
발발하고 첫번째로 피난간 곳이 경기도 광주 지역이었단다. 먼
길을 걸어서 떠나온 황순원 작가는 어느 집 헛간에서 다른
피난민들과 함께 묶게 되었는데 어떤 두 사람이 속삭이는 대화를
듣게 되었단다. 그게 바로 윤 초시 댁 증손녀 이야기였단다. 그
이야기를 잊을 수 없었던 황순원 작가는 그 사연이 궁금했고,
그것이 소설 〈소나기〉의 모티브가 되었단다. 황순원 작가가
광주에 피난한 시간은 얼마 되지 않지만 강 건너 양평을 보며
소설을 구상했을 것이란다. 양평이 유년 시절을 보낸 평양을
빼닮았다며 각별히 아꼈단다. 황순원 작가는 양평 강변을 즐겨

찾았단다. 이러한 이야기들은 막연하나마 황순원 작가와 양평을
친밀하게 연결키는데 사실이었는지는 확인할 길 없다.

결과적으로 '황순원 문학촌 소나기마을'은 양평에 조성되었고,
개장과 함께 광주시에 있던 황순원 작가의 묘소도 이장해 왔으니,
양평은 이제 온전히 황순원 작가의 고장이 되었다. 사람마다
느낌은 다를지 모르지만 양평군 서종면 산자락에 자리잡고 있는
소나기마을을 찾은 사람들은 소설 〈소나기〉에 묘사된 마을의
정취와 꼭 닮은 마을이라고 입을 모은다. 비탈길을 오르다가
오른쪽으로 들어앉은 마을에 섶다리 개울, 징검다리, 수숫단,
오솔길 등 소설 〈소나기〉의 배경을 실감나게 재현해 놓은
창의성과 열정, 추진력과 완성도는 경의를 표할 만하다.

'황순원 문학촌 소나기마을'은 양평군 서종면 수능리 일원에
1만4천여 평 규모로 조성되었다. 황순원문학관은 지상 3층 규모로
황순원 작가의 유품을 전시하고, 소나기광장에는 인공적으로
소나기 내리는 시설을 갖추어 하루에 두 차례씩 소나기 퍼퍼먼스를
진행한다.

그럼, 그냥 편안하게 둘러보고 가세요

2009년 어느 날, 내가 근무하는 관광홍보팀으로 문의 전화가 왔다.

"나는 종친회 총무일을 보고 있어요. 이번에 여주를 방문하려고
하는데요. 버스 3대가 가니까, 인원은 120명 정도 될 거예요.
영릉(세종대왕릉)하고 신륵사, 명성황후 생가를 둘러보려고 해요.
관광 해설을 요청하려고 하는데요. 가능할까요?"
"가능한데요. 인원이 120명 정도면 해설사 1명이 맡을 수는
없어요. 40명당 1명의 해설사가 붙어야 할 것 같아요. 평소에는
1명씩 근무하는데 2명을 추가로 배치해야겠네요."

원래 해설 예약은 혼선과 중복 예약을 방지하기 위해서 관광
안내소에서만 받는데 전화를 돌려줄 타이밍을 놓쳐서 어쩔 수 없이
내가 예약을 받게 되었다. 말하자면 관광 안내소와 예약자 사이에
끼인 불편한 입장이 된 것이다. 친절이란 바로 이런 것.

"총무님. 일정이 어떻게 되죠? 도착 예정 시간이요."
"여주에 도착하면 10시쯤 될 거 같네요."
"예, 그러면 여주 톨게이트 옆에 명성황후 생가가 있으니까 먼저
들르시고 영릉에 들렀다가 신륵사로 이동하시면 되겠네요.
명성황후 생가에서 50분, 영릉으로 이동하는 데 20분, 영릉에서

1시간, 신륵사로 이동하는 데 20분, 신륵사에서 1시간, 이렇게 동선을 짜면 될 것 같아요. 해설 예약도 10시에 명성황후 생가, 11시 20분에 영릉, 점심을 먹고 나서 2시에 신륵사, 이렇게 하면 될까요."

"아니, 점심은 이천에 가서 먹으려고 하는데요."

"네? 여주에서 식사를 안 하신다고요."

"이천쌀밥집에서 하려고 해요."

"총무님. 여주쌀밥도 유명한데요."

"이천에서 먹기로 계획이 되어 있어서요."

"그래요, 그럼 이천에서 드세요. 대신 조금 전에 해설 예약한 것은 취소하겠습니다."

"아니, 갑자기 왜 그래요."

"총무님. 아마도 종친회 회원들이 65세가 넘는 어르신일 거예요. 그럼 세 군데 입장료 70만 원 정도가 감면돼요. 세 군데 화장실도 이용하실 거고요. 해설사 하루 활동비가 4만 원인데 한 개소당 두 명씩 여섯 명을 추가로 배치하는 거구요. 비용은 30만 원 정도예요. 이렇게 오시기로 한 날에 여주군은 100만 원 넘게 지원해요. 그런데 이천쌀밥을 드시러 가신다니요. 아무리 여주를 찾는 분들에게 최대한의 서비스를 해드리려고 해도 이건 아닌 것 같네요. 죄송합니다. 총무님. 그럼, 그냥 편하게 둘러보고 가세요."

"아니, 그럴 게 뭐 있어요. 알았어요. 여주에서 점심을 먹지요."

"아, 그렇게 하시겠어요. 그럼 해설은 원래대로 예약할 거구요.

식당은 제가 관광 안내소에 전화해서 총무님께 전화드리라 할 테니 거기서 안내를 받으시면 돼요. 감사합니다. "

종친회는 계획대로 여주를 방문하고 갔다. 이런 거다. 종친회가 여주의 한 식당에서 식사를 하면 120만 원 정도의 매출을 올리게 된다. 그 식당이 어느 곳이어도 상관은 없다. 그런데 이천에서 식사를 하면 어떤가. 이천은 아무것도 하지 않았는데 120만 원의 수익이 생기는 것이고, 여주는 상대적으로 행정 서비스 비용에 식당 매출까지 220만 원 넘게 손해를 보게 되는 것이다. 행정 기관은 행정 서비스를 제공하는데 수익을 전제로 하지는 않는다. 다만, 우리가 서비스해야 하는 대상이 지역 주민일 때는 달라져야 한다. 행정 기관에 수익이 생기면 안 되는 것이지만 주민에게는 수익이 날 수 있도록 행동해야 하는 것이라 생각한다.

지나서 보면 좀 아슬아슬한 일이었다. 종친회 총무가 우리의 입장을 잘 이해해 줘서 좋게 끝났지만 나쁘게 되려고 하면 이게 시비가 되는 것이다. 국민의 세금으로 어쩌고저쩌고 해가며 끝없이 문제삼을 것이다. 그렇지만 난 그때 내가 한 행동을 후회하지 않는다. 공무원이 왜 존재하는지를 알아야 한다. 지역을 위해서 공무원이 해야 하는 것이 무엇인지를 분명히 알아야 하는 것이다. 작은 내 행동이 모여서 지역의 발전을 이룰 수 있는 것이다.

여주 프리미엄 아울렛 관광 안내소

2009년 가을 어느 날 오후에 갑자기 비서실장이 전화해서 군수 지시 사항이라면서 여주 프리미엄 아울렛 관광 안내소 운영 실적을 보고하라고 했다. 뜬금없이 이게 무슨 일이람. 아무래도 사고가 생긴 것 같았다. 17년 차 공무원의 직감에 위험이 감지되었달까. 관광 안내소에 전화해서 무슨 일이 있었냐고 물어보니 군수가 왔었단다. 운영이 잘 되냐고 묻길래 관광 안내보다 쇼핑객들의 컴플레인과 쇼핑 분쟁 해결하는 일이 더 많다고 답변했단다. 아, 그랬구나. 틀린 말은 아니지만 듣는 사람에 따라 해석이 달라지는 답변이었다.

군수는 여주군이라는 작은 지역에 신세계 첼시 프리미엄 아울렛이 입점한 것에 자부심이 커서 이곳에 여주를 알릴 수 있는 관광 안내소를 두고자 했다. 이를 위해 군수가 직접 일본에 있는 첼시 프리미엄 아울렛을 방문해서 벤치마킹했다. 매장 안의 매장(Shop in Shop) 모델로 일본은 푸드 코트(food court) 안에 관광 안내소가 설치되어 있다고 우리도 식당 안에 관광 안내소를 설치했다. 그러나 본격적으로 아울렛이 운영되면서 역효과가 드러나기 시작했다. 식당이라 음식 트레이를 반납하는 소리 등 여러 소음이 커서 관광 안내를 방해했다. 관광 안내소 자체적인 문제도 있었다. 아울렛을 찾는 쇼핑객은 외국인이 많아서 문화 차이로 일어나는 분쟁이 많았다. 이 때마다 여주군의 관광 안내 통역원이 가서 해결해 주고 있는데 이에 대해 불만이 컸다. 관광 안내 통역원의 일은 관광 안내지 분쟁 해결이 아니라고 생각하는 것이다. 엄밀히 따지자면 관광의 큰 범위 안에 쇼핑이 들어가기 때문에 쇼핑 분쟁 해결은 관광 안내 통역원의 업무 범주에 들어간다. 관광 안내 통역원이 관광의 범위를 너무 좁게 알고 자신의 업무에 대한 프라이드가 없는 게 오히려 문제라면 문제.

우선 일정 기간 동안의 관광 안내소 운영 실적 자료를 받아서 살펴보았다. 30-40대 경력자 영어 통역원과 일어 통역원 각 한 명씩 두 사람이 교대로 근무하고 있고, 두 사람의 인건비 만큼 실적도 있었다. 아울렛에서도 자체 관광 안내소를 운영하는데 비교적 어린 20대 영어 통역원만 있어서 우리 관광 안내 통역원에게 도움을 요청하는 경우도 많았다. 어느 모로 보나 관광 안내소는 적정하게 잘 운영되고 있었다. 뜬금없이 관광 안내소 운영 실적을 보고하라는 군수의 의도를 정확하게 모르니 애매하고 답답하지만 보고서 작성은 잘해야 했다.

관광 안내소 운영 실적 현황을 앞세우고, 환경적인 문제 자체적인 문제 등을 서술한 뒤에 이에 대한 대안으로 관광 안내소를 명성황후 생가로 이전 설치하자고 제안했다. 말하자면 아울렛 관광 안내소 폐쇄를 부서 의견으로 제안한 것이다. 보고는 팀장 대신 내가 직접 들어갔다. 공무원 출신 군수여서인지 팀장이 아닌 내가 보고하는 것을 뭐라고 하진 않았는데 보고서를 보고는 적잖이 당황한 눈치였다. 그저 관광 안내소의 문제점을 해소하고 효율적인 관광 안내를 하라고 적당히 질책할 요량이었는데 갑자기 관광 안내소 이전 설치를 제안하니 당황할 수밖에. 군수는 버젓이 운영 실적이 있는데 아울렛에서 관광 안내소를 빼버리면 당장 관광 안내가 필요한 관광객이나 쇼핑객은 불편을 겪을 것이니 그대로 운영하라고, 필요하다면 명성황후 생가 관광 안내소는 신설하라고 지시했다. 수고했다는 격려도 잊지 않았다. .

군수실을 나오자 안도의 한숨이 절로 나왔다. 이렇게 무사히 넘어갈 수 있었던 것은 다 역발상 덕분이었다. 보고의 방향을 바꾸어 접근한 것이 보고 받는 이의 방향도 바꾼 것이다. 군수는 경기도청에서 관광국장을 역임한 관광 분야 전문가고, 당시 나는 관광 담당 1년 차였다. 이 일은 공직 생활 37년 차 대선배를 17년 차 까마득한 후배가 이긴 남모르는 사건이었다.

사실대로 말하지 않은 대가

2009년, 내가 문화관광과에 근무할 때의 일이다. 같은 아파트에
사는 후배에게서 전화가 왔다. 읍사무소를 방문해서 복지 상담을
해야 하는데 같이 가 줄 수 있냐는 것이었다. 당시에 같은 아파트에
살며 같은 모임을 하고 있는 박 팀장이 읍사무소에 근무하고 있을
때였다. 나야 함께 가 줄 수야 있지만 아무래도 모양새가 좋지
않았다. 박 팀장은 읍사무소 총무팀장이었고, 나는 평직원이었다.
거기에 가면 만나게 될 게 뻔한데 괜히 내가 나서는 것으로 보일 수
있는 상황이었다.

"거기 박 팀장이 근무하지 않나?"
"그래도 형이 같이 있었으면 좋겠어서 말야."

후배는 1남 1녀를 두었는데 둘째 아이가 급성 소아암으로 병원에
입원 중이었다. 모임에서는 부인들이 병문안도 다녀온 상태였다.
아마도 둘째 아이 때문에 상담하려는 것 같았다. 도움이 될지 안
될지는 몰라도 같이 가서 무슨 이야기를 하는지 들어 봐야 했기에
읍사무소에서 만나기로 약속했다. 그렇게 사회 복지 담당자와
상담을 하게 되었다. 후배의 방문 목적은 둘째 아이의 치료비
지원을 신청하는 것이었다. 치료비가 생각보다 많이 들어가는
모양이었다. 나는 물론 읍사무소에 근무하는 박 팀장도 옆에서

상담하는 것을 지켜보고 있었는데 상담 결과 지원 대상이
아니었다. 지원 대상이 되자면 가구 소득이 4천200만 원 이하여야
하는 데 후배의 소득은 4천600만 원 정도였다. 겨우 400만 원
차이였다. 대기업이어서 그런가, 상여금을 그렇게 많이 받는지
몰랐다. 내 연봉은 3천만 원 조금 넘는데. 소득이 많아서 지원
대상이 아니라는 데 달리 방도가 없었다. 상담을 끝내고 돌아서
나오는데 축 처진 후배의 어깨가 안쓰러웠다. 아무래도 이건 아닌
것 같아서 후배에게 밖에서 좀 기다리라고 하고 혼자 다시
들어갔다.

사회 복지 담당자는 그 전부터 알고 있던 후배였다. 다른 방법이
없는지 물으니, 지금 현재 지난 해 소득은 지급 기준을 초과한 것이
맞다며 혹시 병원비를 납부했는지 되물었다. 병원비 납부 내역은
소득에서 차감하니 만일 병원비를 차감하면 지급 대상자 범위에 들
수도 있겠다는 것이다. 순간 후배가 병원비로 700만 원 정도
들었다고 했던 말이 생각났다. 담당자는 차근차근 주의할 점도
짚어 주었다.

"이번에 병원비를 차감해서 대상자가 된다면 그 뒤로도 병원비가
지속 발생해야 다음 해에도 대상자로 유지돼요. 대개의 사람들이
아이가 아프게 되면 당황해서 기존에 가입한 보험에서 보상금을
수령하는데요. 보험금은 소득으로 인정돼요. 그러니 오히려 당장

대상자로 선정되지 않을 뿐만 아니라 몇 년간은 대상자로 선정될 수 없어요. 대상자로 선정되면 보건소에서 치료비로 1년에 천만 원씩 3년간 지원해요. 그런데 대상자 선정은 매년 심사해서 지원 대상 여부를 따지는 시스템이에요."

다행히 후배가 지원 대상자로 선정될 수 있는 방법을 알게 되었고 3년간 치료에 전념할 수 있는 길을 찾게 되었다. 밖으로 나와서 후배에게 담당자에게서 들은 이야기를 찬찬히 해 주었다. 마침 700만 원 정도 납부한 진료비 영수증을 가지고 있어서 후배는 바로 치료비 지원을 신청할 수 있었다. 물론 후배가 경제적인 여력이 없는 것은 아니지만 며칠 만에 병원비가 700만 원씩이나 나온 상태였고 앞으로도 치료를 위해 얼마의 비용이 더 들지 모르는 상태였다. 후배의 둘째 아이를 괴롭히는 백혈병은 치료를 시작해서 완치 판정을 받기까지 5년이나 걸린다니 그 사이에 일이 어떻게 흘러갈지는 아무도 모른다. 후배는 정부의 지원이 절실했다.

다행히 후배는 지원 대상자로 선정되었고, 보건소 담당자에게 업무가 인계되어 지원을 받기 시작했다. 3년간 치료비 지원을 받았고, 5년 뒤에 후배의 둘째 아이는 완치 판정을 받았다. 후배는 그동안 아파트 모임 회원들이 애써 주어서 둘째 아이가 완쾌되었다며 고마워했다. 그 보답으로 자신의 고향인 부여군으로 떠나는 1박 2일 여행을 마련하기도 했다. 그 여행에서 후배는

나에게 고백하듯 말했다. 여주에 와서 나를 만난 것이 가장
좋았다고. 나도 후배에게 도움이 될 수 있어서 좋았다고 화답했다.

이야기가 여기서 끝나면 그저 아름다운 미담일 텐데. 이야기의
끝은 여기가 아니다. 사실 나는 부여 1박 2일 여행에 처음부터 같이
출발하지 못했다. 여행을 가기로 한 날이 토요일이었는데 하필이면
그날 사무실 체육의 날 행사가 예정되어 있었다. 나는
어찌어찌해서 체육의 날 행사 행선지를 부여로 잡았는데 이게
결국은 크게 틀어지고 말았다.

아내를 포함한 아파트 모임 일행은 먼저 부여로 출발했고, 나는
따로 사무실 직원들과 시청 버스로 출발했다. 사무실 체육의 날
행사 일정이 끝나고 여주로 복귀할 때 따로 빠져서 아파트 모임
일행과 합류할 계획이었다. 체육의 날 행사는 잘 끝났고, 오후
5시쯤 되어서 여주로 출발하게 되었다. 나는 따로 빠지려고 버스
문 앞에서 직원들을 배웅하는데 과장이 다급하게 빨리 타라고, 왜
안 타냐고 소리쳤다. 부여에서 모임이 있어서 남아야 한다고
말해도 막무가내였다. 아파트 모임이 있어서 그쪽으로 가야 한다고
사정해도 소용없었다. 나중에는 짜증까지 내며 자꾸 타라고 했다.
아마도 직원들이 나를 왕따시키는 줄 알고 보호하려고 하는 것
같았다. 직원들이 차 문을 닫고 안 열어 주는 것으로 안 것이었다.
얼핏 보면 그렇게 보일 수도 있는 상황이기도 했다. 다들 한잔씩

해서 상황 판단이 안 될 수도 있는 상황이었다. 결국은 과장을
설득하지 못하고 그 버스에 타고 말았다.

따지고 보면 이 모든 게 내 잘못이었다. 욕을 먹더라도 아파트
모임에서 부여로 1박 2일 여행 가는 선약이 있어서 체육의 날
행사에 참석하지 못한다고 말했어야 했을까. 처음에 사무실에서
체육의 날 행사를 추진할 때 사실대로 사정을 이야기하고 목적지를
부여로 했으면 이런 일도 없었을 것이었다. 그때 내가 부여 백마강
어떠냐고 너무 자연스럽게 의견을 낸 것이 화근이었다. 다들
좋다고 해서 부여로 일정이 잡혔고, 나는 아무 일도 없을 거라고
마냥 안일했다. 그때 사실대로 말했어야 했다.

어쨌든 버스는 나를 태우고 다시 여주로 향했다. 가는 동안 계속
전화가 왔다. 시간이 되었는데 왜 오지 않느냐는 전화일 게 뻔했다.
갑자기 이런 상황이 된 것도 어이가 없어서 전화를 받지 못했다.
이대로라면 여주로 가서 혼자 있어야 하는데 나 없이 부여에 혼자
남게 된 아내가 어떨지 눈에 선했다.

아마도 아파트 모임에 있던 박 팀장이 우리 팀장에게 전화를 걸어
상황을 확인한 모양이었다. 다행히 정안휴게소에 버스를 세우고
나를 내려 주었다. 과장은 미안해서 어쩔 줄 모르는데 직원들은
아직 영문도 모르는 듯했다. 이미 한 시간은 달려온 상태였다.

뭐라도 보상을 받아야겠다는 생각에 들고 온 업소용 새우깡을 옆에 끼고 그제서야 나는 여주로 가는 버스를 배웅했다. 그리고 곧바로 택시를 휴게소로 불렀다. 택시를 타고 50분이나 걸려 부여리조트에 도착하니 다들 저녁을 먹고 쉬고 있었다. 택시비가 5만 원이나 나왔다. 사실대로 말하지 않은 대가가 너무 컸다. 담배를 하나 달라고 해서 피웠다. 30년 피운 담배를 끊은 지 한 달째였는데 참을 수가 없었다. 그날 그 담배 한 개피가 마지막이었다.

서로가 대화할 때 할 이야기 다 했다고, 들을 이야기 다 들었다고 섣불리 판단하지 마라. 대가가 크다.

내 열심은 어떤 향기로 남았을까

얼마 전, 여주신문 이 대표가 사무실에 들러 뜬금없이 향수를 하나
선물하고 갔다. 고맙다고. 이것이 첫번째 향수다. 얼마 뒤에는
홍보팀에 근무하는 이 작가가 집에 향수가 하나 있다며 가져
오겠다고 하더니 진짜로 향수를 가져다 주었다. 이 작가는 예순이
조금 넘은 나이로 본인이 직접 향수를 사용하는 애용자다. 이것이
두번째 향수다. 1년 뒤, 나는 사정이 있어 시청에서
여흥동사무소로 발령이 나게 되었다. 민원팀에서 몇 개월 근무하다
팀을 떠나게 되었는데 같이 근무하던 후배 여직원이 전별
선물이라고 향수를 하나 주었다. 이것이 세 번째 향수다.
남자에게서 1년 새에 두 번, 다시 1년 뒤 여자 후배에게서 한 번.
이렇게 향수를 선물받고 보니 문득, 이상한 생각이 들었다. 이건
뭐지. 이 정도면 나한테서 좋지 않은 냄새가 나는 걸까. 만약에
그렇다면 아내와 딸이 가만히 있지 않았을 텐데.

2007년 북내면사무소에서 근무할 때였다. 여주 군민의 날 행사가
끝나고 체육회 임원들과 면사무소 직원들이 저녁을 먹으며
뒤풀이를 하고 있었다. 잠깐 밖에 나와 있는데 체육회 후배 한 명이
담배를 피우면서 나에게 물었다.

"형님, 북내에서 형님 별명이 뭔지 아세요."

"뭔데."

후배가 하는 말이 내 별명은 '무조건'이란다. 하도 의아해서
이유를 물으니, 내가 면사무소에 사업 신청하러 오는 민원인들
이야기를 조건 없이 다 들어준다고 그렇게 부른단다. 그랬다. 나는
면사무소에 오는 민원인들이 도장 하나만 달랑 들고 와서 사업
신청하러 왔다고 하면 곧바로 신청서를 출력해서 일일이 다 작성해
주고 도장만 찍으라고 했었다. 그랬다. 나는 당시 많은 사람들이
따라 부르던 가수 박상철의 노래 〈무조건〉에서 그러듯 언제든지
달려갈 준비가 되어 있었다. 그랬다고 '무조건'이라고 부르다니.
공무원에게는 더 이상 좋을 수 없는 별명이었다. 북내면사무소에는
1년 넘게 근무했는데 이 별명이 큰 힘이 되었다.

내가 근무하던 당시 북내면에는 면사무소, 북내파출소, 북내농협
등 행정기관이 있었고 이장협의회, 농업경영인협의회, 체육회 등
민간 단체가 있었다. 이들 간에는 한 살이라도 많으면 형님 대접
하는 전통이 있었다. 근무가 끝난 저녁에는 함께 모여 축구도 하고
그랬다. 나는 사석에서는 형이 되기도 하고 동생이 되기도 했다.
이렇게 친숙해지게 되니 서로가 함부로 할 수 없어 더욱 존중하게
되었다. 그야말로 사람 냄새 나는 일이었다. 이 전통이 내가 떠난
뒤에도 몇 년간 지속되었다고 들었다.

사람에게서 나는 향기란 단순히 체취나 향수 냄새를 말하는 게 아닐 것이다. 그 사람의 말과 행동에서 우러나오는 그 사람만의 향기. 이 향기는 진정으로 마음에 남는다. 오래 간다. '무조건'이라 불릴 정도로 민원인들에게 가까이 다가갔던 내 열심은 어떤 향기로 남았을까. 좋은 향기로 기억될까.

누구에게라도 좋은 향기로 남는 사람이고 싶다. 나와 마주하는 사람들이 나로 인해 더 나은 하루를 보내면 좋겠다. 나의 작은 행동이 사람들에게 긍정적인 영향을 주면 좋겠다. 그런 향기가 나는 사람이고 싶다. 그렇게 되고 싶은 바람은 오늘도 나를 더욱 겸손하게 만든다. 흥겨운 콧노래가 절로 나온다.

　당신을 향한 나의 사랑은 무조건 무조건이야
　당신을 향한 나의 사랑은 특급 사랑이야
　태평양을 건너 대서양을 건너 인도양을 건너서라도
　당신이 부르면 달려갈 거야 무조건 달려갈 거야

말 없는 거행 씨

중국 흑룡강성에서 온 사람들

우리의 삶은 수많은 인과 연으로 얽혀 있다

도대체 하라는 건지 말라는 건지

나의 불편한 속내를 그는 어떻게 알아봤을까

자기가 뿌린 씨는 자기가 거두는 법이다

피해 조사 누락, 어찌할 것인가

작은 관심

두드리면 열린다

정작 진짜 중요한 것은 눈에 보이지 않는다

말 없는 거행 씨

2004년 어느 날, 공무원 축구 동호회가 주축이 되어 여주군청 10여 개 실과가 참여하는 '실과 대항 축구 대회'가 있었다. 내가 근무하는 여주읍사무소는 다른 면사무소와 달리 근무하는 직원이 30명 정도나 되니 단독으로 축구팀을 꾸릴 수 있었고, 그렇게 대회에 참여하게 되었다. 대회를 추진한 공무원 축구 동호회 회원이 여주읍사무소에 근무한 것도 큰 이유였다.

실과 대항 축구 대회는 리그로 진행되었다. 비공식으로 치러지는 경기라 윗선에서는 관심이 없었는데 한두 경기 치르다 보니 상황이 달라졌다. 실과의 명예가 걸린 일이다 보니 과장이나 팀장 들도 관심을 갖게 되었다. 우리 팀은 첫 경기에서 지고 두번째 경기를 준비하고 있었다. 상대팀은 군청 민원과였다. 다들 약체팀이라고 판단해서 해 볼 만하다 했고, 1승도 할 수 있겠다고 많이 들떠 있었다. 읍장과 직원들도 축구장을 방문해서 열렬하게 응원했는데 결과는 1:0으로 패배했다.

이길 것을 예상하고 식당까지 예약해 저녁 회식 자리도 준비했는데 상황이 애매해지고 말았다. 선수들 체면이 말이 아니었다. 그래도 예약한 식당에 선수들과 직원들 20여 명이 모여 앉았다. 다들 말이 없었다. 특히나 읍장이 화난 표정으로 자리만 지키고 있으니 다들 바늘방석이었다. 선수들은 죄를 지은 사람처럼 아예 고개를 처박고 있었다. 당시 나는 30대 후반으로 팀장들을 제외한 직원 중에 최고참이었다. 분위기를 바꾸기 위해 뭐라도 해야 할 것만 같았다. 실력이 되지 않아 경기에 진 것은 뭐라 할 수 없는 것이었다. 투지로서 극복할 수 있는 것도 정도가 있지 않은가. 그때 어디서 그런 용기가 났을까.

"읍장님. 말 없는 제가 한 말씀 드리겠습니다. 경기에는 졌지만 열심히 뛰었는데 격려 좀 해 주십시오."

여기저기서 직원들이 쿡쿡대며 웃었다. 읍장도 어이가 없었던지 웃으면서 다들 수고했다고, 준비한 음식 맛있게 먹으라고 술도 따라 주었다. 평소에 말수가 많은 내가 '말 없는 사람이 이야기 좀 하겠다'고 하니 웃음이 터진 것 같았다. 그렇게 어색한 분위기는 점점 화기애애한 분위기로 바뀌었다. 직원들은 부담없이 식사 자리를 이어나갔다.

그날부터 읍장은 나를 '말 없는 거행 씨'라고 부르기 시작했다. 나에게 농담을 할 만한 선배들도 따라했다. 그날 그 자리에 있었던 사람들은 어떤 상황이었는지 잘 아니까 웃으며 이야기하고, 나 또한 기분 나쁘지 않게 받아들이게 되었다. 그러던 것이 같이 근무한 직원들이 인사 발령으로 자리를 옮기게 되면서 '말 없는 거행 씨'는 여러 부서에 알려지게 되었다. 그렇게 나는 '말 없는 거행 씨'로 통하게 되었다.

많은 시간이 흘러서 이제는 그 내막을 모르는 사람들이 더 많다. '말 없는 거행 씨'라는 말만 듣고서 내가 과묵한 사람인 줄로만 아는 사람도 있고, 단지 말 많은 사람을 반어법으로 표현하는 줄로만 아는 사람도 있다. 그때 어디서 그런 용기가 났을까.

중국 흑룡강성에서 온 사람들

2004년 어느 날, 출장을 갔다 들어오는데 민원실이 약간
시끄러웠다. 안면이 있는 여성이 직원과 이야기하고 있었고, 같이
온 일행인지 남자 한 명이 대기석에 앉아 핸드폰만 들여다보고
있었는데 왠지 불안해하는 모습이었다. 옆에서 잠깐 들어 보니
주민 등록 '신규 등록' 때문이었다. 주민 등록에는 두 가지 방법이
있다. 한가지는 출생 등록을 하는 것이고 나머지 한가지는 신규
등록을 하는 것이다. 출생 등록은 출생한 뒤 한 달 안에 출생
신고를 하는 것이고, 신규 등록은 한 달이 지나 언제라도 상관이
없다. 또한 출생 신고는 제출 서류로 출생 증명서나 사람이 보증을
서는 인우 보증서를 제출하고, 신규 등록은 인우 보증서만
제출하면 된다.

"내가 이곳에서 5년을 근무하는데 이런 경우는 처음 봐요. 어떻게
두 번이나 잃어버렸던 자식을 찾아 신규 등록을 할 수 있어요. 이게
쉬운 일인가요."
"목사님이 예전에 잃어버린 아들을 찾아서 신규 등록을 하는데
무슨 문제가 있나요."

대화는 하염없이 엇갈리고 길어졌다. 가만히 듣고 있다가 내가
중재에 나섰다. 주민 등록을 위해서는 지문 등록이 필요한데 당장

용지가 없어서 그러니 내일 다시 방문해 달라고 하며 우선 시간을
벌었다. 민원인을 돌려보내고 동료 직원에게 자세한 이야기를
들었다. 일전에 한 목사가 스물이 다 된 딸을 잃어버렸다가
찾았다고 신규 등록을 했는데 이번에는 스물이 다 된 아들을
찾았다고 신규 등록을 하려 한단다. 지난번도 그렇고 이번에도
목사는 오지 않았단다. 지난번에는 약간 이상했어도 신규 등록을
받았지만 이번에는 확인해야 할 것 같아서 제지한 것이란다.
제출한 서류를 확인해 보니 본적지가 울산이었다. 먼저 그곳에
연락해서 생존해 있는 어르신에게 가족 사항을 확인했다. 우리가
확인해야 하는 연고자의 누나와 매형이 1945년 중국으로 이주해 간
것은 맞는데 그들은 이미 1990년대 말에 사망했단다. 제출한
서류와 내용이 달랐다. 분명한 허위 신고였다.

다음 날, 관련 서류를 정리해서 경찰서에 수사를 의뢰하고
민원인을 기다리는데 무슨 일인지 오지 않았다. 주민 등록 신규
등록이 어렵다고 판단한 것 같았다. 전화를 걸어 '왜 오지
않느냐'고 물으니까 일이 있어 다른 지역으로 갔단다. 지난번에
신고한 딸은 어디에 있는지 확인하니, 식당에서 아르바이트를
한단다. 수사가 진행되어서 경찰과 함께 그 식당으로 가서
당사자가 맞는지 확인하고 왔다. 신규 등록을 하려던 아들이라는
남자는 어디 있는지 찾을 수가 없었는데 행적을 짚어 보니 있을
만한 장소가 보였다. 경찰이 찾아가 이틀을 잠복해서 검거했다.

여주에 있는 딸도 함께 검거했다. 조사해 보니 중국에서 두 집의
가족 10명이 한국으로 넘어왔는데 시누이와 올케 사이란다. 먼저
등록했던 딸도 중국인이었고, 이번에 등록하려던 남자도
중국인이었다. 목사는 자신의 주민 등록에 이들을 등록해 준
것인데 브로커가 개입된 것 같았다. 목사는 신분을 고려해서
훈방하고 중국인들은 강제 추방하기로 결정되었다.

이 일로 수사를 담당한 경찰은 경찰의날 표창까지 받았다. 우리는
정의를 바로 세우는 것으로 만족했다. 민원실이라고 해서 무시하고
간단한 일이라고 치부하는데 대개 범죄는 민원실에서 담당하는
주민 등록, 인감 증명, 가족 관계 등록부에서 시작하는 것이다.
말하자면 민원실 근무자들이 기본을 잘 지키기 때문에 범죄가
예방되는 것이다. 이 일은 주민 등록 담당 공무원이 한 부서에서
5년을 근무했기 때문에 해결할 수 있었다. 공무원이 하는 일이
이렇게 중요하다.

우리의 삶은 수많은 인과 연으로 얽혀 있다

2004년 어느 날, 여주읍사무소 민원팀에서 주민 등록 업무를 보고
있을 때였다. 어쩌다 전입자 명부에 눈이 갔는데 전입자는 모르는
사람이었고 60대 남성이었으나 전입 세대주가 잘 아는 동료
직원이었다. 평소에도 잘 알고 있던 터라 가족 관계를 더듬어
보았다. 형이 있었고 여자 어르신도 있었는데 남자 어르신이
있다고 했던가. 아무래도 남자 어르신이 있다고는 못 들은 듯했다.
공교롭게도 그 직원의 처형이 민원팀에 같이 근무하고 있어서
물어보았더니 역시나 남자 어르신은 없단다. 그래서 다시 전입
신고서를 살펴보니 주민 등록 말소자가 '재등록 전입 신고'를 한
것이었다. 위장 전입이었다. 위장 전입은 고발 대상이다. 전입
신고자는 주민등록증 재발급 신청까지 하고 돌아간 상태여서
재방문이 예정되어 있었다. 경찰에 확인하니 마침 그날 기소
중지가 되었다고 했다.

주민등록증을 찾으러 오기로 한 날 미리 대기하고 있던 경찰이
위장 전입한 노인을 연행했다. 그 뒤로 영등포경찰서에서 인계해
갔단다. 경찰에게 들은 경위는 이렇다. 위장 전입한 노인은
충청남도에서 주민 등록이 말소되어 떠돌다가 여주까지 오게
되었단다. 어느 날 개울가에서 혼자 계속 푸념하는 노파를
만났단다. 무슨 일인데 그러냐며 해결해 주겠다고 하니 사연을

이야기하더란다. 사업하는 아들에게 사업 자금을 대주려고 시골에
있는 집을 담보로 대출을 받아 주었는데 그 사업이 실패해서 살던
집이 경매로 넘어가는 바람에 두 노인이 길에 나앉게 되었다고
하더란다. 경매가 진행되고 있던 어느 날, 경매에 참여한 젊은
사람이 찾아와서 집세를 내고 계속 살든지 아니면 이사 비용을
줄테니 이사를 가라고 하면서 연락처가 적힌 종이를 주고
가더란다. 집세를 낼 형편이 못 되어 시내에 있는 여동생네 마당에
이삿짐을 부려 놓고는 낮에 제부 볼 면목이 없어서 이렇게 밖에
나와 있는 것이라고 하더란다. 거의 반 실성한 상태로 제정신이
아닌 것 같았단다. 노인이 팔을 걷어붙이고 다 해결해 주겠다고
큰소리치자 노파는 손에 들고 있던 연락처가 적힌 종이를 보여
주더란다. 그 종이에 아파트 주소가 있길래 마침 잘됐다 싶었단다.
그것을 받아 가지고 와서 그 주소에 자신의 주민 등록을
재등록하고 전입 신고를 한 것이란다.

이야기를 듣는 내내 싸한 마음이 들었다. 내가 알기로 그
직원에게는 어린 딸도 있었다. 이 일을 늦게 알게 되어 혹시라도
나쁜 일이라도 일어났으면 어쩔 뻔했을까. 나는 개울가에서 혼자
푸념하던 노파도 알고 있었고, 본인도 모르게 주민 등록지가
도용된 동료 직원도 알고 있었다. 노파는 내가 담당하고 있는
마을에 살았었다. 노파의 아들과 친분은 없지만 1년 후배라는
정도는 알고 있었다. 동료 직원이야 말할 것도 없이 잘 아는 데다

친한 직원의 제부이기도 했다. 어쩌다 전입자 명부를 보다 발견한 일이지만 내가 적극적으로 개입한 것은 오로지 불법 행위를 바로잡고 만일의 위험을 사전에 차단하고자 한 것이었다.

우연한 기회에 그 동료 직원에게 그 일에 대해 이야기하니, 무슨 대수로운 일이냐며 귀담아 듣지도 않았다. 무엇을 바라고 한 일은 아니었지만 조금은 서운했다. 고마운 줄도 모르다니. 어찌 보면 정녕 대수롭지 않은 일일 수도 있겠다 싶었다. 그 동료 직원은 자신이 경매에 참여한 일로 인해 인과가 생긴 것뿐이었다. 그렇게 이번 일로 나에게도 어떤 인과가 생길지 모를 일이었다. 경매는 재테크를 위한 유용한 수단으로 각광을 받고 있다. 나는 하지 않지만 지금도 누군가는 경매에 참여한다. 그렇게 그로 인한 인과도 생긴다. 아주 주관적인 생각이지만 일반 토지는 몰라도 사람이 거주하는 건물의 경매는 재테크 수단으로 바람직하지 않다.

우리의 삶은 수많은 인과 연으로 얽혀 있다. 우리가 의식하지 못하는 사이에 작은 선택들이 커다란 결과를 낳기도 한다. 그 결과는 우리 삶에 어떤 의미를 남길까. 한 치 앞도 모르는 세상에서 우리는 모름지기 베풀며 살고 착하게 살아야 할 것이다.

도대체 하라는 건지 말라는 건지

2004년 5월 어느 날, 나는 여주읍사무소 민원팀에서 주민 등록
업무를 담당하고 있었다. 오후 5시경. 퇴근 시간이 다 되어 가는데
친구에게서 전화가 왔다. 다급한 사정이 있는 눈치였다. 친구는
자신이 사는 두풍리치빌아파트가 1차 부도날 거라는 소식을
들었단다. 이에 입주자 50여 명이 아파트 관리사무소에 모여서
대책 회의를 하고 있는 중이란다. 친구는 자신이 임시 대표를
맡아서 전화를 하는 거라면서 물었다. 퇴근 시간이 다 되어 가지만
지금 읍사무소로 가면 '확정일자'를 받을 수 있냐고.

그렇지 않아도 두풍리치빌아파트에 사는 지인이 한두 명씩 와서
확정일자를 받아 가기에 무슨 일이 있나 싶던 참이었다. 4개 동
280세대가 사는 두풍리치빌아파트와 읍사무소는 차로 15분 정도
소요되는 거리였다. 게다가 50여 명이 확정일자를 신청하면 오후
6시 퇴근 시간을 넘겨서 업무를 처리해야 했다. 혼자서 결정할
일이 아니어서 알아보고 다시 통화하기로 했다.

민원팀장은 군청에 문의해서 지시를 받고 처리하자고 했다. 군청
민원과에 문의하니, 부군수는 시민들 피해가 우려되니 민원을
처리하라고 했다 하고, 군수는 원칙을 지키라고 했다는 답변을
들었다. 도대체 하라는 건지 말라는 건지. 결국 판단은

여주읍사무소 몫이 되었다. 이렇게 되니 민원팀장도 망설이게 되고 하고 싶은 마음도 없어진 것 같았다. 따지고 보면 아파트 시공사, 은행, 입주자 사이에 분쟁이 생길 수도 있는 사안이었다.

얼마 전에 방송에서 본 보도가 생각났다. 울산광역시 어느 임대 아파트가 부도나서 많은 시민들이 큰 피해를 보게 되었는데 정작 시에서는 나서서 해 줄 것이 없었다. 이런 피해가 지역적으로 많이 발생한다는 내용이었다. 여주군은 울산광역시와는 비교도 할 수 없을 정도로 작은 지역에 불과했다. 만약에 두풍리치빌아파트가 부도난다면 경제적 피해가 매우 클 것이라는 생각이 들었다. 어떻게든 지역 주민들 피해가 없도록 잘 판단하고 움직여야 하는 상황이었다.

그때 반짝 떠오르는 게 있었다. '민원 담당 공무원이 접수한 민원을 마칠 때까지를 업무 시간으로 본다'는 해석이었다. 민원팀장과 담당자인 나만 남아서 고생하면 될 일이었다. 마침 민원팀장은 오후 8시까지 두 시간 동안 재택 근무가 예정되어 있었다. 나는 민원팀장에게 재택 근무하는 시간까지만이라도 함께 민원을 접수해서 처리해 주자고 제안했다. 다행히 민원팀장은 나의 제안을 받아 주었다. 오후 5시 40분쯤 나는 친구에게 전화를 걸어 민원실로 오라고 했다.

6시가 다 되어 사람들이 계약서를 가지고 민원실로 들어오기 시작했다. 그때부터 민원팀장은 계약서에 중지를 찍어 나에게 전달하고, 나는 주민 등록 프로그램으로 확정일자를 전산 처리했다. 둘러보니 민원실 창구는 물론 총무팀 자리까지 주민들로 가득 찼다. 아마도 관리사무소에 모여 있던 50여 명 외에도 아파트 관리사무소에서 방송을 해서 확정일자를 받지 못한 사람들을 더 모아 온 듯했다. 거기다가 이 일이 걱정되는 부모 등 가족들까지 함께 오니 한 집에서 서너 명 씩은 온 것 같았다. 100여 명은 족히 넘을 것 같은 그 많은 사람들이 내가 한 건씩 처리하는 것을 숨죽이며 바라보고 있었다.

두풍리치빌아파트는 당초에 임대 아파트로 5년간 임대한 뒤에 분양을 할 계획이었는데 1년 만에 부도나게 된 것이었다. 확정일자를 받게 되면 부도나서 경매가 진행되더라도 계약 보증금 5천600만 원은 받을 수 있게 된다. 그 당시 그 아파트 분양가가 9천만 원 정도였으니 매우 큰 돈이라고 할 수 있다. 민원팀장 재택 근무가 끝나는 8시가 지나 저녁 9시가 되었는데도 사람들은 줄어들지 않았다. 아파트 관리사무소에서 하는 방송을 듣고 또는 사람들에게 전해 듣고서 뒤늦게라도 오는 사람들이 한두 명씩 늘어나는 모양이었다.

민원을 처리하다가 익숙한 이름이 있어서 보니 우리 큰아이 담임 선생이었다. 얼른 일어나서 반갑게 인사하니 담임 선생은 어리둥절해서 머뭇거렸다. 큰아이 이름을 대며 아빠라고 설명하니 그제서야 반가워하며 표정이 밝아졌다. 확정일자를 받으면 큰 문제가 없을 거라고 설명하니 몹시 고마워했다. 그렇게 또 한참 민원을 처리하다 보니 또 익숙한 이름이 있었다. 이번에는 작은아이 담임 선생이었다. 얼른 일어나 인사하면서 작은아이 이름을 대고 아빠라고 하니 몹시 반가워했다. 일하면서 이렇게 만나야 할 사람도 만나고 인사도 하게 되니 마음 한편으로 뿌듯했다. 아마도 공무원으로서 느끼는 보람 중에 가장 큰 보람이 아닐까.

밤 12시가 다 되어서야 일을 마칠 수 있었다. 워낙 일이 많아서 민원팀장도 그때까지 퇴근하지 못하고 있었다. 사람들이 다 돌아가고 한숨 돌리려던 때 전화가 울렸다. 연락을 늦게 받았다며 용인시에서 출발하니 기다려 달라는 부탁이었다. 기왕에 시작한 일 끝까지 하는 게 좋겠다 싶어서 흔쾌히 승락했다. 그 민원인이 올 때까지 기다리자면 새벽 1시는 되어야 할 것 같았다. 저녁도 못 먹은 차에 야식당에 전화해서 밥을 시켜 먹으며 기다렸다. 새벽 1시가 다 되어서 한 여성이 계약서를 가지고 왔다. 그 일을 처리하고 나니 피곤이 몰려왔다. 그날만 대략 100명 넘게 확정일자를 받았으니 56억 원 정도를 지킬 수 있는 조건이 되었다. 기존에 확정일자를 받은 거주자가 80가구 정도 된다고 했으니 전체

세대 70퍼센트 가까이 확정일자를 받게 된 것이었다.

확정일자를 받은 가구가 많을수록 부도가 나더라도 채권자인
은행이 경매하는 대신 분양을 선택할 수 있는 여지가 생기게 된다.
실제로 그 아파트는 부도가 났다. 채권 은행과 2순위 채권자들은
경매에 실익이 없다고 판단하고 분양을 선택했다. 4년을 더
기다려야 했던 분양이 당장 이루어지게 되었으니 입주자들에게는
전화위복이 된 셈이었다.

다음 날, 아파트 부녀회에서 떡 두 말을 해 가지고 와서 고맙다고
인사하는데 나 또한 고마운 마음이었다. 저녁에 퇴근하니까
큰아이와 작은아이가 반기며 앞다투어 말했다. 담임 선생이
어젯밤에 아빠 늦게 오지 않았냐고 묻더라고. 아빠가 참 훌륭한
일을 하신다고 했다고. 무엇을 바라고 한 일은 아니었지만 그렇게
뿌듯할 수가 없었다.

한편 그 당시 감사팀에서는 여주읍사무소 민원팀에서 업무 시간이
끝난 뒤에 일을 처리한 것이 적법한지 여부를 검토하고 징계를
논의했다. 이해관계가 있는 사안이어서 군수며 부군수에게 보고도
했고, 민원인들에게는 어디 가서 이야기할 필요 없다고 주의도
주었으니 널리 알려질 일도 아닌데 너무 민감한 처사였다. 사실,
주민들에게 큰 피해가 발생할 일을 미연에 방지했으니 여주군

입장에서는 칭찬을 해도 모자랄 판에 징계를 논의하다니. 게다가 의견이 분분했다니. 세상에 이런 코미디가 또 있을까. 그날 확정일자부에 마지막 105번째로 등재된 사람이 임모 씨였다. 그때 원칙을 지키라고 했던 군수와 같은 성씨였다.

확정일자는 임차인의 권리를 보호하기 위한 제도다. 법원이나 읍면동사무소에서 확정일자를 받으면 그 뒤로 우선 변제권을 갖게 된다. 효력은 다음 날 발생한다. 내가 주민 등록 업무를 담당했던 2004년부터 2023년 말까지도 그 효력의 시점은 유효했다. 이 시점을 교묘하게 전세 사기에 이용할 줄 누가 알았을까. 전세 계약을 체결한 날에 매매해서 임대인을 바꾸거나 다른 권리를 설정해서 임차인에게 피해를 주는 '전세 사기'가 전국적으로 발생해 수많은 사람들이 피해를 입었다. 스스로 목숨을 끊은 사례가 발생하기도 했다. 이에 대한 조치로 2024년 1월에 국민통합위원회에서는 확정일자를 받은 당일에 효력이 발생하도록 법을 바꾸었다.

앞으로 법의 허점을 악용한 전세 사기는 발생하지 않을 것으로 보인다. 이제라도 개선되어서 국민의 피해를 방지할 수 있으니 다행이다. 그러나 20여 년간 지속되어 온 법의 허점을 선제적으로 개선해 국민의 피해를 방지할 수는 없었을까. 지방 소도시의 일개 공무원도 주민의 피해를 방지하기 위해 이렇게 고심하는데.

나의 불편한 속내를 그는 어떻게 알아봤을까

2004년 어느 날, 집에 일이 있어 장모가 처형과 동서, 조카들을 데리고 우리집을 방문했다. 당시 여주읍사무소 민원팀에 근무하고 있던 나는 경제적으로 많이 힘들었다. 그 문제로 상의를 하려고 일부러 왔으니 저녁을 대접해야 해서 우리 가족까지 9명이나 되는 일행이 아파트 근처 식당으로 가게 되었다. 가진 돈이 별로 없어서 한정식 대신에 백반을 시켜 놓고 기다리는데 일하는 사람이 주문한 것보다 더 많은 음식을 가져다 놓는 게 아닌가. 주문이 잘못된 것 같았다. '우리는 백반을 시켰는데 한정식이 나오는 것 같다'고 하니, 일하는 사람이 '사장님께서 가져다 드리라고 했다'며 카운터 쪽을 가리켰다. 카운터에 있던 사장이 우리 테이블로 오더니 '일전에 읍사무소에 갔을 때 너무 잘해 줘서 고마워서 그런다'고 하며 인사하는 데 몸 둘 바를 몰랐다. 가족들이 온 것 같아서 정식은 아니고 주문한 백반에 반찬 몇 가지를 더 제공하는 것이니 부담갖지 말고 맛있게 식사하라는데 고마울 따름이었다.

가만히 생각해 보니 1년 전엔가 그 사장이 민원실을 방문한 게 떠올랐다. 잊고 있던 일이고 별일도 아니었다. 당연히 해야 하는 일이어서 마음에 두지 않았는데 이렇게 대접을 받게 되다니. 당시 나는 주민 등록 담당이었고, 내 옆에는 신규 직원이 주민 등록 업무 중 '전입 신고' 업무를 나누어 보고 있었다. 아파트 근처에서 식당을 운영하는 그 사장이 매우 당황해서 난감해하며 서성이는 게 보였다. 담당 직원이 작성해서 제출하라고 한 전입 신고서 한 장을 들고 있었다. 나는 그 사장을 내 앞 창구로 오라고 해서 자초지종을 들었다. 일이 있어 원주로 전출을 했다가 다시 전입을 하러 왔다기에 신분증을 받아들고 자리에 앉아 기다리라고 한 뒤에 대신 전입 신고서를 작성해서 주민 등록 전산 처리까지 말끔하게 해 주었다. 전입 처리가 다 되었으니 가도 된다고 알리니 그 사장은 고맙다고 몇 번이나 인사하고는 돌아갔다. 뭐 그렇게 대단한 일도 아니었다. 담당자로서 늘상 하는 일이었는데 그에게는 고마운 일로 마음에 남아 있었는 모양이었다.

한편으로는 만약 다르게 만났더라면 어떻게 되었을까 하는 생각도 들었다. 업무적으로만 대해서 민원인의 불편한 속내를 알지 못했다면 서로 고마운 일은 일어나지 않았을 것이다. 공무원은 친절해야 한다고 가르치고 배운다. 공무라는 게 '공평하게 힘쓰는 일'이니 친절은 매우 중요한 덕목이다. 그러나 아무리 배우고 노력해도 그 친절이라는 것은 어렵기만 한 게 현실이다. 마음에서 나오기 때문이다. 업무는 바쁘고 민원인은 재촉하니 마음도 조급해지고 위축되어서 아무래도 친절하기는 어렵다. 민원인은 저마다 자신의 사정이 우선하니 그런 입장을 알 리 없다. 그렇게 민원인은 민원인대로 직원은 직원대로 자꾸 불편하게 부딪히게 된다. 이것이 일상인 게 민원실이다. 그러니 자신의 입장을 알아봐

주는 작은 일 조차도 그렇게 고마운 일이 되는 것이다. 다행히 그날 나는 마음이 좀 여유로웠던 모양이다. 그의 불편한 속내가 보였으니.

그날 나는 가족 앞에서 가장으로서 불편한 입장이었다. 경제적인 문제로 장모는 물론 처형이며 동서며 조카들까지 와서 더욱 그러했다. 게다가 변변하게 대접하지도 못하고 고작 백반이나 내는 처지였다. 그런 나의 불편한 속내를 그는 어떻게 알아봤을까.

자기가 뿌린 씨는 자기가 거두는 법이다

2001년 1월, 새해 초부터 내린 눈으로 여기저기 피해가 컸다. 농사 업무 담당이던 나는 농가의 피해를 조사하고 그에 따른 대책을 실행하느라 분주했다. 대개 피해 조사가 끝나고 나면 여러 가지 지원책을 마련한다. 정부의 보조금 말고도 여주군은 자체 예산으로 시설 하우스의 '파이프 구입비'를 추가로 지원했고, 농협은 비닐을 싸게 공급했다. 어느 날, 농협에서 싸게 공급하는 비닐을 사려다가 '폭설 피해 확인서'가 있어야 한다면서 면사무소를 찾아온 종묘 시설 농가가 있었다. 능서면과 인접한 가남면 경계에서 대규모로 종묘를 재배하는 시설 하우스 단지였다. 능서면 출신으로 오래 근무해 그 지역을 소상히 알고 있는 산업팀장과 함께 피해 조사를 하면서 가남면 구역인 줄 알고 무심코 지나쳤던 곳이었다. 정확히 지번을 따지면 능서면 구역에 있는 시설이었다. 아뿔사, 이런 일이. 하우스가 무려 60동 가까이나 되었는데 이게 피해 조사에서 **빠졌다니.** 하도 어이가 없어서 아무런 생각도 나지 않았다. 도대체 이 문제를 어떻게 수습해야 하나.

이미 피해 조사 기간은 지나갔다. 규모가 커서 보조금 지급 대상도 아니고, 저리 융자 지원 대상이었다. 여주군에서 자체 지원하는 파이프도 공급되지 않는다. 그나마 도움을 주자면 농협과 협의해서 비닐을 싸게 공급하고, 복구에 필요한 인력을 지원하는 게 다였다.

이것만으로도 농가에는 복구에 소요되는 금액을 지원하는
것이어서 보조금을 지원하는 효과가 있었다. 먼저 농가주와
통화해서 피해 조사가 누락된 점을 사과했다. 그리고 보조금을
지급하지는 못하지만 보조금에 준하는 지원을 하겠다고 알렸다.
농가도 좋다고 잘 따라 주었다. 여기까지는 순탄했다. 정확하게는
여기까지만 순탄했다. 어떻게 된 일인지는 모르겠으나 이 일이
농림부에 알려졌고, 농림부 고위 공무원이 군청 농정과에 전화해서
질책한 모양이었다. 한참 욕을 먹은 그 농정과 직원한테서 전화가
왔다. 도대체 일을 어떻게 했길래 이렇게 난리가 났냐고. 나는
있었던 일을 그대로 자세히 고하고는 도대체 누구길래 그렇게
난리를 치더냐고 되물었다.

"알면 다쳐."

이 말은 당시 개그 프로그램에서나 유행하던 말이었는데 이런
상황에서 막상 들으니 기분이 좋지 않았다. 아마도 농가주가
정부청사가 있는 과천시에 거주하는 것 같고, 농림부에 아는
사람도 있는 것 같았다. 나하고 통화할 때도 윗사람이 아랫사람
대하듯 거만하더니 결국은 이중 플레이를 한 모양이었다. 그건
그렇고. 알면 다친다니, 이건 또 무슨 말인지. 어휴, 참자, 참아.
면장도 산업팀장도 뭐라고 말 못하고 물끄러미 쳐다만 볼
뿐이었다. 알면 다친다는데 어쩌겠는가. 그때가 마침 퇴근 시간이

다 되었을 무렵이었다. 마음을 다스리고 다시 한 번 정중히
사과하자고 농가주에게 전화를 걸었다. 아무리 기분이 나빠도 일이
어떻게 커질지 모르니 우선 수습해야 했다.

"여보세요. 아무개 씨 계신가요?"
"아, 사장님이요. 지금 안 계신데요."
"그러세요. 제가 내일 다시 전화를 드리죠. 그런데 조금 아까
'사장님'이라고 한 것 같은데 거기가 회사인가요?"
"예, 맞아요."
"그럼 아무개 씨가 사장님이시고요?"
"네."
"그러세요, 그럼 혹시 법인이시면 '법인 정관'이 있나요?"
"네, 있어요."
"그럼 제가 팩스 번호를 알려 드릴 테니 바로 보내 주실 수 있나요?
부탁드립니다."
"네, 바로 보내 드릴께요."

통화가 끝나고 조금 있다가 팩스가 왔다. 정관을 보니 주사업은
'농산물유통', 사업 종목은 '종묘 재배'라고 적혀 있었다. 옳거니.
이것으로 게임 끝이었다. 농업 피해 보조금은 농민을 대상으로
한다. 법인은 보조 대상이 아니다. 산업팀장에게 이 사실을
보고했더니 다행이라고 맞장구치며 좋아했다. 곧바로 군청

농정과에 전화를 걸었다. 민원인은 법인으로 지원 대상이 아니라는 사실을 알리고, 법인 정관도 팩스로 보냈다. 그리고 앞으로 말 좀 가려서 하라고 일렀다. 아무래도 그렇지, 최일선에서 고생하는 공무원 후배에게 알면 다친다니. 이게 할 소리냐고. 가벼운 발걸음으로 저녁을 먹으러 갔다. 나를 위로하자고 술도 한잔하고.

다음 날, 농협에 직접 찾아가 그 종묘 시설 농가에서 신청한 비닐을 공급하지 말라고 전했다. 그리고 인력 지원으로 계획되어 있던 군인들도 다른 곳을 지원하게 했다. 며칠 뒤, 중앙재해대책본부 사무관한테서 전화가 왔다. 어째서 그 종묘 시설 농가를 지원하지 않느냐고. 법 개정을 추진 중이어서 앞으로는 농업 법인도 지원이 가능하게 된다고. 그러니 지원을 해도 될 것 같다고. 공손하게 다 듣고 나서 그간의 사정을 이야기했다. 더불어 피해 시설은 농업 법인도 아니고 일반 법인이라는 사실도 알렸다. 정관을 보내 달라기에 보내 주었다. 정관을 확인한 사무관한테서 다시 전화가 왔다. 이번에는 정중하게 사과하는 게 아닌가. 나도 정중하게 사과를 받아 주었다. 나중에 어려운 일이 있으면 자문을 구하고 도움도 받고 싶다면서 전화를 끊었다. 중앙부처에도 젠틀한 인물은 있었다.

나중에 그 종묘 시설 농가 사장 대신 전무라는 이가 찾아왔다. 여주군과 평창군에 종묘 사업장이 있는데 다 사정이 어렵다고 했다. 비닐이라도 싸게 공급받게 해 달라고 하는데 할 말이 없었다. 사정이야 봐주고 싶지만 이번 일에는 철저하게 원칙을 지켜야 했다. 농림부를 비롯해 중앙재해대책본부까지 너무나 많은 곳을 건드려서 보는 눈이 많았다. 그리고 나는 영문도 모르고 다칠 뻔했다. 선의로 대했으면 선의로 받아야지 보이지 않는 곳에서 실력 행사하면 되겠는가. 종묘 시설이라고 했으렷다. 자기가 뿌린 씨는 자기가 거두는 법이다.

피해 조사 누락, 어찌할 것인가

2001년 1월, 나는 서른여섯이 되었고 공무원 생활 9년 차가 되었다. 새해 인사로 능서면사무소에 전근 발령을 받았다. 금요일부터 토요일까지 전 근무지에서 인수인계하느라 밤 늦게 퇴근해서 늦잠을 자고 있는데 팀장한테서 전화가 왔다. 눈이 많이 왔는데 아직 출근도 하지 않고 뭐하냐고. 다급하게 밖을 보니 아파트에 주차된 차들은 물론 세상이 하얗게 뒤덮여 있었다. 그때 텔레비전을 켜니 국민 드라마 〈전원일기〉가 나오고 있었다.

곧바로 차를 타고 눈길을 헤쳐 사무실에 도착했다. 산업팀장과 직원 몇 명이 나와 있었다. 가장 먼저 해야 할 일은 통행을 위한 제설 작업과 폭설로 인한 피해 조사였다. 직원들은 둘로 나누어 면사무소 1톤 트럭과 청소 차량에 제설 모래를 싣고 출동해 제설 작업을 했고, 산업팀장과 농사 업무 담당인 나는 피해 조사에 들어갔다. 다행히 산업팀장이 능서면 출신이라 그 지역 사정에 밝았다. 난 능서면에 처음 근무하는지라 어디가 어딘 줄도 모르는데 팀장은 피해가 예상되는 지역을 우선해서 돌아보았다.

시설 하우스가 밀집되어 있는 지역을 가니 농가주 몇 명이 모여 있었다. 하우스 40동 정도가 무너졌다고 허탈해 하면서. 눈이 너무 갑작스럽게 와서 손쓸 겨를도 없이 바로 눈 앞에서 무너졌다고 했다. 나름대로 위로의 말을 전했다. 당장에는 그것 말고는 할 수 있는 게 없었다. 다른 지역을 마저 돌아보고 사무실로 돌아왔는데 이런저런 피해 소식이 먼저 와 있었다. 비닐하우스 말고도 큰 규모의 양계장도 하나 무너졌단다. 폭설 피해 조사 때문에 업무 인수인계도 없이 바로 업무에 들어간 그날이 1월 7일이었는데 16일까지 문서 캐비넷은 열어 보지도 못했다. 나는 피해 조사를 하고 바로바로 컴퓨터로 피해 조사 양식을 작성해야 했다.

일요일부터 피해 조사에 들어갔는데 5일이 지난 토요일에 갑자기 행정안전부에서 점검을 나왔다. 피해 조사서를 작성해서 하루 만인 일요일까지 군청 농정과로 제출을 하라는 지시가 있었다. 기본 조사는 되어 있었지만 조사서에 사진을 붙여야 했다. 다시 피해지를 돌며 사진을 찍고 그것을 인화해서 붙여야 하는 작업이 문제였는데 밤을 새서야 겨우 피해 조사서를 작성할 수 있었다. 다음 날인 일요일 아침에 군청 농정과에 제출하고 집에 들어갔다. 텔레비전을 켜니 〈전원일기〉가 나오고 있었다. 폭설 피해 조사하는 데 꼬박 일주일이나 걸렸다니.

한창 폭설 피해 복구가 진행되고 있을 때였다. 몇 명의 농가가 산업팀을 방문해서 피해 조사가 누락되었다고 주장했다. 기어이 담당자가 가장 우려하는 일이 발생한 것이다. 피해 복구라는 게 시스템으로 움직이는 것이어서 일단 피해 조사가 누락되면 수습하기 쉽지 않다. 피해 시설도 일반 하우스가 아니라 꽃을 재배하는 화훼 농가의 자동화 온실이었다. 복구비가 4배 이상 드는 경우라 당황해서 아무 생각도 나지 않았다. 일반 하우스 복구하는 데 평당 3만 원이 소요된다면, 자동화 온실은 평당 12만 원 이상 소요된다. 피해 농가와 이야기하는데 제때 신고를 하지 않은 농가의 책임인지, 조사를 놓친 공무원의 책임인지도 분명치 않았다. 이미 일은 벌어졌고 수습은 해야 하는데 복구비 보조를 염두에 둔 것인지는 몰라도 농가에서는 피해 규모를 더 키워서 압박해 왔다. 우선은 농가부터 진정시키고 다음 날 피해지를 방문하겠다고 하며 돌려보냈다. 이미 오후 4시가 넘기도 했지만 따로 생각을 정리할 필요가 있었다. 대책이 절실했다. 복구비가 2억 원 가까이 부족했다. 경험이 많은 산업팀장도 아무런 의견을 내지 못하고 있었다.

다음 날, 피해지에 가 보니 자동화 온실 삼분의 일이 피해를 입은 상태였다. 일반 하우스는 피해를 입으면 전체를 다 못 쓰게 되어 피해 유형이 '전파(전체 파손)' 밖에 없는데 자동화 온실은 달랐다. 두꺼운 파이프로 기둥을 세우고 그 위에 서까래로 일반 파이프를 사용해서 지은 온실이라 제법 튼튼해서인지 이번 폭설에 지붕만 무너져 일부만 피해를 본 것이었다. 말하자면 폭설 피해 유형이 '전파'가 아니라 '반파'였다. 천만 다행이었다. 역시 현장에 답이 있었다.

피해 조사 결과를 최종 정산해 보니 일부 농가의 피해 규모가 줄어
복구비에 여유가 생겼다. 잘하면 피해 조사에서 누락된 자동화
온실 복구 예산도 확보할 수 있었다. 다시 자동화 온실 농가와 만나
피해 복구에 대해 논의하는데 사뭇 입장이 달랐다. 이번 폭설 피해
유형이 '반파' 인데 시설 특성상 50퍼센트가 아닌 70퍼센트의
복구비를 책정해서 도움을 주겠다는 데도 듣지를 않았다. 농가가
완강했던 이유는 피해 조사된 금액을 보조금으로 준다고 잘못 알고
있었기 때문이었다. 피해 조사 금액이 크면 그 금액을 다 받는 줄
알고 있는 것이다. 그러나 현실은 전혀 그렇지 않다. 복구비는
오로지 시설 복구에 들어간 비용만을 보조하는 방식으로 지원된다.
자동화 온실의 경우 다시 쓸 수 있는 자재가 많아 이를 살려 쓰게
되면 재료비가 줄어들고, 복구에 필요한 인력을 지원받으면 따로
인건비가 나갈 일도 없다. 자동화 온실 농가를 설득하는 데 거의
1주일이나 공들였다. 결국엔 농가도 이해하고 복구를 추진할 수
있었다.

가을이 되어 준공 확인 차 방문한 자동화 온실은 말끔하게
복구되어 있었다. 따스한 오후의 햇살이 비추는 곳에 장미가
탐스럽게 피어 있었다. 얼마나 눈부시던지 그동안 힘들었던 일들이
눈 녹듯 사라지는 것만 같았다. 그래 바로 이거지. 이런 맛이라도
있어야 보람도 느끼고 힘든 순간들도 참는 거지.

2024년 11월 말, 115년 만의 폭설이 내렸다. 여주에는 40센티미터 이상의 눈이 쌓였다. 금세 눈은 녹았지만 무거운 습설로 인해 인삼 재배 농가와 시설 하우스 농가가 큰 피해를 입었다. 당시의 기억이 떠올랐다. 그런데 입꼬리는 왜 자꾸만 올라가지.

작은 관심

2000년 봄, 나는 산북면사무소 민원팀에서 근무했다. 지금의 가족
관계 등록부인 호적은 팀장의 업무였고, 나는 인감 증명 등
제증명을 담당했는데 호적 업무 말고는 모두 다 해야 했다. 게다가
민방위 업무까지 떠맡고 있었다. 당시 병사 업무 담당하는 선배
직원이 질병으로 휴직 중이었다. 민원팀에는 팀장 말고 기간제
직원이 한 명 더 근무했는데 민원팀장을 도와 '호적 전산화' 작업을
담당하고 있었다. 종이로 된 호적을 스캔해서 보관하고 컴퓨터
호적 전산 프로그램에 그 내용을 입력해서 전산화하는 것이다.

1999년 초부터 시작한 호적 전산화 사업은 1년에 걸쳐 진행되고
있었고 이제 막바지에 이른 때였다. 나도 이전 근무지인
읍사무소에서 전산화하는 것을 보았기에 기간제 직원의 일에
은근히 관심이 많았다. 그 직원 책상에는 컴퓨터와 모니터만
덩그러니 있었다. 아는 체하려고 한 것은 아니지만 혹시나 해서
하루 작업이 끝나고 마감할 때 백업은 잘 하는지 물었는데 뜻밖의
대답이 돌아왔다. 오히려 백업이 뭐냐고 묻는 것이다. 컴퓨터와
같이 지급받은 다른 조그만 상자가 있을 거라고 그것을 가져오라고
해서 보니 상자는 뜯지도 않은 상태였다. 그 상자를 열어서 속에
있는 씨디(CD)를 꺼냈다. 그리고 능숙하게 씨디를 컴퓨터에 넣고
백업하기 시작했다. 하루 작업이 끝나면 반드시 이렇게 백업을

해야 한다고 기간제 직원에게 차근차근 알려 주었다.

그렇게 백업을 시작한 지 3일째 되는 날 아침이었다. 기간제 직원이 호적 전산화 작업용 컴퓨터를 켜는데 작동하지 않는다고 망연자실해 있었다. 알고 보니 다름 아닌 체르노빌 바이러스에 감염된 것이었다. 체르노빌 바이러스는 개인용 컴퓨터의 하드 드라이브에 수록된 데이터를 삭제하거나 본체를 파괴할 수도 있는 악성 바이러스였다. 1998년 여름 타이완에서 처음으로 발견되었고, 우크라이나의 체르노빌에서 일어난 사상 최악의 원전 사고 13주년에 맞춰 출현하도록 고안되었다. 체르노빌 바이러스 1, 2 외에도 6월 26일에 작동하는 것과 매월 26일에 작동하는 것 등 변종 바이러스가 계속 나타나고 있었다. 한국에서는 1999년 4월에 300여 억 원에 이르는 큰 피해를 입혔다.

그날이 바로 4월 26일이었다. 체르노빌 바이러스에 감염된 컴퓨터는 포맷할 수밖에 다른 방도가 없었다. 그렇게 되면 1년 동안 애쓴 호적 전산화 작업은 어떻게 되지. 눈앞이 깜깜했다. 우선 군청 민원과에 알리고 백업 씨디에 있는 파일을 추출해서 군청 담당자 메일로 전송했다. 컴퓨터가 바이러스에 감염되어 확인할 수 없으니 호적 전산 프로그램이 깔려 있는 군청으로 데이터 파일을 보낸 것이었다. 다행히도 데이터는 살아 있었다.

꼬박 1년이나 수작업으로 일일이 입력한 결과가 한순간에 날아갈 뻔한 일이었다. 일이 너무 컸지만 다행히 제대로 조치가 되어 면장에게는 보고도 하지 않았다. 이 일로 누가 상을 받아야 하고 누가 질책을 받아야 하겠는가. 만약에 잘못되었다면 면장과 민원팀장은 엄중하게 문책을 받아야 할 일이었지만 다행히 해프닝으로 끝이 났다. 당시만 하더라도 관공서에 컴퓨터가 보급된 지 얼마 되지 않아서 컴퓨터에 대해서 다들 잘 알지 못하던 시기였다. 나도 컴퓨터에 대해 모르기는 마찬가지였는데 다만 관심이 남달랐을 뿐이었다. 그 작은 관심이 누군가에게 있을 큰 고비를 조용히 넘어가게 했으니 내심 뿌듯했다.

돌고 돌아 요즘은 여흥동행정복지센터 민원팀장으로 근무하고 있다. 민원팀에 근무하며 가족 관계 등록부를 관리하고 있는데 4개월이 되어 간다. 그러다 보니 그전에 근무할 때 있었던 이런저런 일들이 생각나곤 한다. 민원팀이라고 해서 다들 별일이 없을 거라 생각하는데 그렇지가 않다. 신분이 공무원이다 보니 행동 하나마다 사람들에게 미치는 영향이 크다. 관심도 마찬가지다. 작다고 얕볼 일 아니다.

두드리면 열린다

1998년 늦가을, 아이엠에프 경제 위기의 한복판에서 우리 가족은
새로 분양받은 아파트로 입주했다. 분양금도 겨우 마련했는데
중도금 대출 이자는 13퍼센트에서 사채 수준인 25퍼센트까지
치솟았다. 그 와중에 동생네 갈비집을 돕기 위해 빌려준 돈까지
문제였다. 큰아이는 다섯 살, 작은아이는 세 살이었다. 가족을 위해
나는 새로운 길을 찾아야 했다.

어느 날, 아파트 초입에 신축 공사 안내문이 붙었다. 그곳에서 내가
무엇인가 할 수 있지 않을까 해서 유심히 보았다. 아버지의 친구가
신축 공사장에서 함바식당을 운영해 성공했다는 이야기가
떠올랐다. 나는 지인과의 연줄을 통해 건축사사무소 전무와 연결될
수 있었는데 이미 신축 공사장 식당 운영권은 다른 사람에게
넘어간 상태였다. 그럼에도 나는 포기하지 않고 매일같이 그
전무를 찾아갔다. 몇 달간의 끈질긴 방문 끝에, 시행사 전무와
연결될 기회를 얻었고 마침내 식당 운영권을 따낼 수 있었다.
식당은 아버지와 어머니 그리고 갈비집을 운영하던 제수씨가 함께
맡기로 했다. 우리는 희망에 차 있었다.

그런 기쁨도 잠시였다. 몇 달 만에 시행사가 부도를 맞았다. 소식을
듣고 가 보니, 식당 일을 도와주려고 들렀던 아내가 제수씨와 식당

밖에서 설거지를 하는데 나를 똑바로 보지 못했다. 속으로는 당황했지만 겉으로는 동요하지 않았다. 가족들에게 흔들리는 모습을 보일 수가 없었다. 현장 직원들의 식사를 계속 제공하면서 공사가 재개될 날을 기다렸다. 그 와중에 살고 있는 아파트가 경매에 부쳐지기까지 했다. 그렇게 말로 다 할 수 없는 어려움을 겪으면서도 끝까지 자리를 지켜야 했다.

2년 뒤, 부도난 시행사의 차장이 나를 찾아와 신축 공사 과정에서 허가 부지 외 지역을 훼손했다고 적발된 문제를 해결해 달라고 부탁했다. 다행히도 타인의 토지를 침범한 것은 아니고 잔여 부지가 훼손된 것이었다. 경사지여서 종종 일어나는 일이었다. 벌금을 내고 원상 복구하면 끝이었다. 나는 군청 담당자와의 인연을 통해 이 문제를 순조롭게 해결해 주었다. 이를 계기로 시행사와 신뢰도 쌓았다. 나는 식당 운영비로 투입한 금액의 절반인 2천만 원을 보상받았고, 새로 공사를 맡게 된 건설사와의 협상에서도 유리한 조건을 얻을 수 있었다. 신축 공사장에 있는 식당의 운영 문제는 우리 쪽과 협의하는 것을 아파트 부지 매매 계약서에 명시했다.

새로운 건설사가 공사를 인수한 뒤, 식당 운영을 두고 또 다른 난관이 찾아왔다. 자신들이 식당을 맡게 되었다는 사람들이 나타나 협박에 가까운 요구를 해왔다. 나는 이를 정면 돌파하기로 마음먹었다. 지인의 도움으로 그들과 대면해서 단호하게 내 입장을 전달했다. 내 권리는 확실하며 양보할 수 없다고. 결국 그들은 물러났고 나는 다시 식당을 운영할 수 있었다.

그 뒤에도 신축 아파트 진입로 문제로 인해 토지주의 동의를 얻어야 하는 새로운 과제가 생겼다. 이것은 새로운 건설사가 준 과제였다. 토지주는 과거에 건설사와의 갈등이 있었던 터라 더욱 완고했다. 겨우 땅 세 평에 대해 동의해 주면 되는 일인데 몇 번을 찾아가도 꿈쩍하지 않았다. 토지주는 나의 선배이기도 했는데 어찌나 완강한지 '그렇게 어려우면 파산 신청을 하라' 는 말도 했다. 그래도 나는 지속적으로 설득했고 결국 동의를 얻어낼 수 있었다. 이를 통해 나는 새로운 건설사와의 관계를 더욱 강화했다.

30대 초반에서 중반까지, 경제 위기의 혼란 속에서 가족을 지키기 위해 나는 끊임없이 두드렸다. 두드리면 열린다는 말을 굳게 믿었다. 그리고 마침내 기회가 찾아왔다. 당시 어려운 고비를 여러 차례 넘기며 깨달은 것은 단순하지만 중요한 진리였다. 기회는 기다리는 자가 아니라 끈질기게 두드리는 자에게 온다. 어떤 순간에도 포기하지 않고 길을 찾아야 한다. 그것이 우리가 삶에서 마주하는 고비를 넘어설 수 있는 힘이다.

정작 진짜 중요한 것은 눈에 보이지 않는다

시력을 잃은 사람들은 다른 방법으로 정보를 얻게 된다.
청각이라든지 촉각이라든지 다른 방법으로 사물을 인지하고
세상을 알게 된다. 하나의 감각이 불편해지면서 다른 감각들이
더욱 예민해지는데 그러면서 남다르게 자신을 발견하고 드러내서
세간의 주목을 받기도 한다. 시각 장애를 가졌지만 우리 마음을
뒤흔드는 노래로 유명한 가수도 있다.

미국 가수 스티비 원더(Stevie Wonder)가 그렇다. 놀랍게도 그의
노래는 눈부시게 밝고 따뜻하다. 그는 어둠 속에서도 빛을
노래했고 현실의 제약 속에서도 낭만을 잃지 않았다. 보이지
않아도 보는 사람보다 더 많이 보고 더 깊이 느끼는 그의 목소리는
마치 마음의 눈으로 세상을 그려내는 듯하다. 어둠을 안고
살아가는 이들이 오히려 더 밝게 노래할 수 있다는 사실이 참으로
따뜻하게 느껴진다.

미숙아로 태어나 인큐베이터에서 고생하다 시력을 잃은 스티비
원더는 빛을 보지는 못했지만 감미로운 목소리를 가졌다. 게다가
천재적인 그의 음악성은 싱어송라이터이자 프로듀서로 그를
세계적인 반열에 올려 놓았다. 그는 자신의 음악을 통해 사회를
노래했고, 세상을 바꾸려 했다. 대표적인 곡이 바로 1980년대 초에

세상에 나온 〈에보니 앤 아이보리〉(Ebony and Ivory)다. 흑인을 상징하는 '에보니'와 백인을 상징하는 '아이보리' 그 둘이 피아노 위에서는 완벽하게 어우러져 하나의 음악을 만든다는 단순하고도 의미심장한 노래다. 스티비 원더는 이 노래를 만든 폴 매카트니(Paul McCartney)와 함께 녹음했다. 백인과 흑인이 함께한 것이고, 시각 장애인과 비장애인이 함께한 것으로 세계의 이목이 집중되었다. 지금까지도 세계적으로 많은 사랑을 받고 있는 이 노래는 이렇게 시작한다.

검은 건반과 흰 건반은 완벽한 조화를 이루며 살고 있죠. 내 피아노 건반 위에서 나란히, 왜 우리는 그렇지 못한가요? (Ebony and ivory live together in perfect harmony. Side by side on my piano keyboard, oh Lord, why don't we?)

그는 세상을 전혀 다른 방식으로 감지하고, 그 느낌을 음악에 고스란히 담아낸다. 그가 노래하는 풍경은 눈으로 본 장면이 아니라 마음속에서 길어 올린 감정의 조각들이다. 그렇기 때문에 더 깊고 더 진실되다.

우리는 늘 바쁘게 눈으로 보고 눈앞의 것들을 판단하며 살아간다. 하지만 정작 진짜 중요한 것은 눈에 보이지 않는다. 눈으로 보고도 알지 못하는 것들이 눈을 감으면 다가온다. 사랑, 그리움, 평화

따위들은 마음으로 느껴야만 알 수 있는 것들이다. 그는 그런 것들을 노래한다. 시각 없이도 충분히 전달되는 감정의 언어, 보이지 않아도 존재하는 빛의 언어로 노래 부른다. 그래서 그의 노래가 좋다. 밝고 평화롭고 낭만적이다. 그의 노래는 빛이 되고, 우리 모두의 마음에 따뜻한 햇살이 된다. 빛은 눈으로만 보는 게 아니라 마음으로도 느낄 수 있다는 걸 그의 노래는 버젓이 증명한다.

참 많이 변한 당신, 멋지게 사셨군요

반송된 재산세 고지서

미안해, 내 이쁜 딸

세상에 억지로 되는 일은 없다

발자국 눈

시간은 기억을 왜곡할 수 있다

서른한 살의 나이에 검사를 찾아간 용기

엄마가 무서워

슬기로운 대처는 그 다음이다

이 사람이 정말

공무원 생활 1년 만에 사직서를 제출하다

하늘은 스스로 돕는 자를 돕는다

참 많이 변한 당신, 멋지게 사셨군요

1999년, 나는 공무원 8년 차로 여주읍사무소에서 근무했다. 나이는 서른네 살. 2년간 담당하던 병무행정 업무가 국가로 다시 넘어가면서 민원팀으로 배치받았다. 그 당시 민원팀에는 1960년대 주민등록법이 생기면서부터 발급하던 거의 30년 된 주민등록증을 지금의 카드식으로 갱신하는 일이 한창 진행되고 있었다. 전 주민을 대상으로 하는 일이어서 워낙 사람들이 많이 오다 보니까 아무래도 일손이 부족했다. 겉으로는 지원 형식을 띤 발령이었으나 사실은 내 업무가 없어지면서 내 의지와는 상관없이 땜빵식으로 발령이 난 것이었다. 내가 무슨 땜빵 요원도 아닌데 2년 전에 병무행정 업무를 맡을 때도 그랬다. 그때는 세무 업무가 시청으로 넘어가면서 재무팀이 없어지게 되었고, 당시 병무행정 업무를 담당하던 선배가 나를 자기 자리로 끌어들여 업무를 함께하게 되었다.

민원팀은 주민들의 출생, 사망, 혼인, 거주 등의 기록을 관리하는 곳이다. 대한민국 국민으로 처음 기록되는 곳이 바로 민원실이다. 주민 등록 업무와 제증명 발급 업무는 1992년 초임 발령을 받았을 때 잠깐이나마 해 본 적이 있어 크게 어려운 점은 없었다. 다만, 남자 서른네 살의 나이에 여직원들 많은 민원팀에 근무하는 것 자체가 썩 내키는 것은 아니었다. 나뿐 아니라 다른 남자 직원들도 기피하는 부서가 민원팀이었다. 총무팀이나 산업팀에서 근무하는 것보다 모양새가 빠져 보이는 것이다. 더군다나 나의 경우는 이 지역에서 초중고를 다 다녀서 아는 사람들이 많았다. 특히나 주민들도 주민 등록 업무나 인감 증명 발급 업무를 단순 업무로 취급해서 좀 쉽게 보는 경향이 있었다. 그래서인지 직원들을 막 대하는 일이 종종 있었다.

어느 날, 대학교 동문인 여자 후배가 주민 등록 등본을 발급받으러 왔다. 순간 어찌나 당황스러웠는지. 그 후배도 내가 공무원 생활을 시작한 것은 알고 있었는데 이렇게 갑자기 만나게 될 줄은 몰랐을 것이다. 후배는 여주를 떠나지 않고 지역에 자리를 잡았던 모양이었다.

"안녕하세요, 선배님."
"응, 오랜만이야."

사실 공무원이 된 게 잘못된 것은 아닌데 서로 인사를 나누고 어쩐 일로 왔냐고 묻는데 조금은 어색하고 쪽팔렸다고 해야 하나. 나는 행정학과를 졸업했다. 그 당시는 행정학과를 졸업하면 못해도 7급 공무원으로 시작해야 한다고 생각할 때였는데 나는 겨우 9급 공무원으로 시작했다. 그런 자격지심 때문이었을까. 애써 태연한 척 신분증을 받아들고 주민 등록 등본을 발급했다. 또 애써 태연한 척 등본을 건네주면서 잘 가라고 인사도 했다. 그리고는 후배 뒤에 대기하고 있는 다른 민원인의 업무를 처리하려 하는데 후배가 가지 않고 수수료가 얼마냐고 묻는 것 아닌가. 그냥 가면 된다고 머슥하게 말했는데 후배는 물러서지 않고 자꾸 수수료를 내려고 했다. 내가 대신 낼 테니 그냥 가라고 해도 막무가내여서 뒤에 기다리는 민원인의 눈치까지 봐야 했다. 어쩔 수 없었다.

"100원이야."
"여기요. 그럼 선배님 수고하세요."

후배는 지갑에서 100원을 꺼내 주고는 가볍게 인사를 하고 나갔다. 진짜 내 입으로 수수료를 말하고 싶지 않았다. 천 원도 아니고, 만 원도 아니고, 100원이 뭐냐고. 물론 수수료로 100원을 받는다고 이 업무가 100원짜리가 되는 것이 아니라는 것쯤은 알고 있다. 그렇지만 마음속에 느껴지는 이 말로 표현할 수 없는 쪽팔림은 뭐냐고.

얼마 되지 않는 작은 금액이지만 주민 등록 업무에 관한 수수료는 생각나는 대로, 제멋대로 받는 것이 아니다. 엄연히 '주민등록법'으로 정해져 있다. 국민 실생활에 필요한 기본적인 증명서라서 거의 무료에 가까운 금액으로 책정된 것이다. 1992년에는 60원이었고, 7년 뒤인 1999년에 인상되어 100원이

되었다. 100원으로 인상될 때 66퍼센트씩이나 올랐다고 시민
단체에서 항의하는 해프닝도 있었다. 지금은 등본 1통에
400원이다. 그나마도 무인 민원 발급기나 인터넷 '민원24시'에서
발급받으면 무료다.

대개 사람들은 오랜만에 만난 사람이 타고 온 차나 입고 온 옷을
보고 그가 어떻게 사는지 어떤 사람인지 이러쿵저러쿵 생각하지
않나. 문득 카피가 인상 깊었던 텔레비전 자동차 광고가 생각났다.
중년 남자와 세련된 여자가 고급스런 회전문에서 엇갈리면서 서로
알듯말듯한 기류가 흐른다. 밖으로 나온 남자는 그랜저를 타고
출발하고, 안으로 들어서는 여자는 그쪽을 보며 미소 짓는다.
혼잣말한다.

'참 많이 변한 당신, 멋지게 사셨군요.'

나중에 이 이야기를 들은 큰아이는 대학 후배가 등본을 발급받으러
올 수도 있지 뭐가 문제냐며 눈을 동그랗게 뜨고 되물었다. 옆에서
작은아이도 눈을 동그랗게 뜨고 한마디했다.

"혹시 썸녀인거야? 그러면 이야기가 되지."

반송된 재산세 고지서

1998년, 공무원 7년 차로 금사면사무소을 떠나 여주읍사무소 재무팀에 근무하며 재산세 업무를 담당할 때였다. 어느 날, 한 민원인이 와서 재산세 고지서를 받지 못했다고 이의를 제기했다. 금액을 확인해 보니 본세가 450만 원쯤이었고, 납기가 지나서 가산세까지 붙어 있었다. 고지서를 찾아보니 아뿔사, 반송되어 온 것을 다시 처리하려고 서랍에 넣어 두고는 그만 잊어버린 것이었다. 그렇게 방치된 게 문제였다. 대개 서류는 문서 캐비넷에 보관하게 되어 있는데 간단한 것은 바로 처리하려고 서랍에 넣어 두는 바람에 생긴 일이었다. 앞이 깜깜했다. 고지서야 다시 발행하면 되는데 이미 부과된 20만 원 상당의 가산세가 문제였다. 당시 나의 월급이 150만 원 정도 되었나. 월급의 7분의 1이었다. 작은 돈은 아니었는데 나의 과실이니 가산세를 대신 납부하겠다고 하며 공손하게 잘못을 시인했다. 민원인은 공무원이 무슨 돈이 있다고 대신 납부하냐며 가산세가 포함된 고지서를 새로 출력해 달라고 했다. 개인적으로 아는 3년 선배의 아버지였는데 면목이 없었다. 여러 번 가산세를 대신 납부하겠다고 해도 완고해서 결국에는 고지서를 새로 출력해 주었다. 그렇게 나의 잘못은 덮이었다. 민망하기 그지없었다.

미안해, 내 이쁜 딸

1998년 봄날, 다섯 살 큰아이가 유치원에 입학했다. 처음 며칠은
유치원에 잘 가더니 일주일이 지났을 때부터 가기 싫어했다.
아침에 유치원 갈 시간이 되면 자꾸 떼를 썼다. 차분하던 큰아이가
갑자기 그러니까 아내는 매우 속상해했다. 우리 부부는 아이를
유치원에 처음 보내는 것이어서 '왜 그러는지', '유치원에서 무슨
일이 있어서 그러는지' 도통 알 수가 없었다. 답답할 뿐이었다.

그러기를 며칠. 가만히 큰아이를 보다가 문득, 큰아이가 샘이 많아
선생의 관심이나 사랑을 독차지하려는데 그것이 잘 되지 않아
유치원 가기를 싫어하는 것은 아닐까 하는 생각이 들었다.
큰아이는 적응이 빠른 편이지만 그 나이 또래들에게 충분히 있을
수 있는 일이라는 생각이 들었다. 확인해 볼 필요가 있을 것
같았다.

다음 날, 요사이 며칠 계속되는 난리를 치른 아내는 큰아이를
억지로 유치원 통학차에 태워 보냈다. 나는 출근한 뒤에 시간을
내서 큰아이가 다니는 유치원을 찾아갔다. 유치원은 사무실에서
15분 정도 거리로 가까웠다. 유치원 환경도 둘러보고 원장과 만나
상담도 했다.

공교롭게도 유치원 원장은 나의 고등학교 은사의 부인이었다. 한 부부가 아빠도 가르치고 딸도 가르치다니 보통 인연이 아니었다. 원장과 차를 마시며 요사이 며칠 아침마다 계속된 난리를 자세하게 고했다. 다른 아이들도 그러는지 유독 우리 딸아이만 그러는지 조심스럽게 묻기도 했다.

덧붙여서 나의 걱정도 고했다. 유치원에 처음 오는 아이들이 잘 적응할 수 있게 선생들이 유독 신경써서 잘 대해 줄 텐데 큰아이가 그것을 자기에게만 잘 대해 주는 줄 알다가 다른 아이들에게도 잘 대해 주는 것을 보고 샘을 내는 것은 아닌지. 유독 샘이 많은 아이라 선생의 관심과 사랑을 독차지하려고 그러는 것은 아닌지.

원장은 그럴 수도 있는 일이라면서 당장 새로운 이벤트를 하나 해 보자고 제안했다.

"지금 일정이 다른 아이들과 함께 점심 먹는 게 남아 있는데요. 아빠가 오신 김에 아이를 먼저 데리고 가 보세요. 그러면 따님은 아이들 앞에서 기도 살고 기분도 좋아질 거예요."

원장은 딸아이를 불렀다. 그리고 딸아이에게 차근차근 이야기했다. 너무나도 다정했다.

"오늘은 아빠가 오셨으니까 아빠하고 일찍 가라."

큰아이 얼굴이 환해졌다. 큰아이를 데리고 나오는데 아니나 다를까 다른 아이들이 죄다 쳐다보고 있었다. 딸아이를 차에 태우고 살그머니 이야기했다.

"아빠가 출장갈 때 유치원 옆으로 지나갈 수도 있는데 말야. 그때 우리 딸이 유치원에 없으면 아빠 마음이 어떨까. 섭섭하지 않을까."
"아빠, 걱정하지마. 내가 유치원에 있을게."

그 일이 있은 뒤로 딸아이는 아침에 유치원에 가는 일로 떼쓰지 않았다. 딸아이에게 조금은 미안하지만 그 뒤로 나는 유치원에 가지 못했다.

미안해, 내 이쁜 딸.

세상에 억지로 되는 일은 없다

아파트에 살다 보면 층간 소음으로 눈살을 찌푸리는 일이 생기고
급기야 시비가 붙는 일도 생긴다. 여러 집이 벽 하나로 이어지다
보니 이런저런 생활 소음이 고스란히 전달되는 게 아파트의 어쩔
수 없는 단점인데 이게 참 극복하기 어려운 문제다. 우리집도
아이들이 있다 보니 층간 소음으로부터 자유롭지 못했다.

어느 날, 모임이 있어서 우리 가족은 두 시간 정도 외출을 했다
돌아왔다. 집에 도착하자마자 기다렸다는 듯이 경비실에서
인터폰이 왔다. 너무 시끄럽다고 민원이 들어왔다는 것이다.
아이들이 두 시간이나 뛰었다는데 참내, 뭐라고 할 말이 없었다.
우리집이 비었어도 그 윗집에서 뛰는 소리가 아래층에 전달된다.
그러니 아랫집은 소음 피해를 보았고, 나는 억울할 뿐이었다.
어차피 부딪쳐야 할 거면 시원하게 부딪쳐야 한다는 생각에 나는
아랫집과 한판 붙고 말았다. 술도 한잔한 김에 나는 경비실에
연락해서 아랫집과 인터폰을 연결해 달라고 했다.

"이봐요, 우리 가족이 두 시간을 넘게 외출했다가 지금 들어왔는데
어떻게 두 시간이나 시끄럽게 할 수 있겠어요. 그리고 할 말이
있으면 나한테 바로 하세요. 평소에 우리 애들이 어려서 뛰기도
하고 그러는데 나도 애들 야단치다 지치겠어요."

그날은 아랫집이 별말을 하지 않아 조용히 지나갔다. 그 뒤로 층간 소음 문제는 다소 이상하게 해결되었다.

며칠 뒤, 아파트 상가에 있는 어느 식당에 갔다가 우연히 고등학교 동창을 만났다. 공교롭게도 그 동창은 아랫집 총각과 함께 있었다. 내가 동창과 인사하는 것을 본 아랫집 총각 표정이 묘했다. 동창은 같은 부서에서 근무하는 신참이라고 나에게 아랫집 총각을 소개했다. 나의 동창은 군대 제대하고 바로 회사에 취업했으니 주임급이었다. 알고 보니 아랫집 총각은 컴퓨터를 잘 만지는 재주가 있는 모양이었다. 그 총각이 동창네 컴퓨터를 고쳐 주었고, 그 동창은 고맙다고 우리 동네까지 밥을 사 주러 온 것이었다. 나는 동창에게 우리 아랫집 총각이니 잘해 주라고 인사를 건네고는 헤어졌다.

그리고 또 며칠 뒤, 사무실에 기간제로 근무할 사람이 새로 왔는데 공교롭게도 아랫집 처녀였다. 결혼을 앞두고 있었는데 집에서 노느니 아르바이트라도 하러 나온 것이었다. 이렇게 되니 아랫집 아주머니로부터 자기네 딸을 잘 부탁한다는 말까지 듣게 되었다. 사람의 앞일은 누구도 알 수 없는 것이었다. 그날 층간 소음 문제로 언성을 높인 것이 부끄럽기도 했다.

그렇게 아랫집과는 친척보다 더 가깝게 지내게 되었다. 나는 인연이 있다고 믿는 사람이다. 세상에 억지로 되는 일은 없다. 좋은 마음을 가지고 있으면 스스로 잘된다는 것을 나는 믿는다.

발자국 눈

1997년 초겨울, 나는 공무원 6년 차였다. 금사면사무소에서 숙직을
하고 새벽에 보니 눈이 내렸다. 눈은 비하고 달라서 소리도 없이
내리니 오는 줄도 몰라서 대처하기가 어렵다. 적설량을 보니
1센티미터 정도였다. 평지는 문제가 되지 않는데 금사면은 큰
고개가 두 군데나 있었다. 상호리 이장에게 전화해 보니 그 지역은
큰 문제가 없었다. 다른 계곡 마을 주록리 이장에게 전화하니 이장
대신 부인이 받았다. 눈이 많이 왔냐고 물어보니 '발자국 눈'이
왔다고 했다. 그렇게나 눈이 많이 왔다니 마음이 다급해졌다.
전화를 끊고서 나는 제설 작업에 대한 지시를 받으려고 바로
산업팀장에게 알렸다. 산업팀장이 시키는 대로 직원들에게 비상
연락을 해 서둘러 출근시켰다.

면장까지 새벽에 출근했다. 속속 직원들이 도착했고, 트럭에
모래를 싣고 출동했는데 웬걸, 예상보다 복귀가 무척 빨랐다.
이상해서 물어보니 주록리 쪽에는 제설 작업을 할 만큼 눈이
없었단다. '발자국 눈'이라 했는데 그것이 발목이 빠질 만큼 눈이
온 것이 아니라 발자국에 묻어 없어질 만큼 눈이 온 것이었다.
'발자국 눈'을 제멋대로 알아듣고 호들갑을 떨어서 15명의
직원들이 새벽에 출근했으니 몹시 민망할 따름이었다. 오히려
면장은 기왕 직원들이 아침 일찍 나왔으니 해장국집으로 이동해서

밥을 먹고 오자고 앞장섰다. 야단도 안 치니 더욱 민망했다. 얼굴이 빨개졌는데 그게 추운 바람 때문만은 아니었다.

그 일이 있은 뒤에는 뭐라도 다시 한 번 확인하는 버릇이 생겼다. 전화로 의사소통할 때는 100퍼센트 의사 전달이 되지 않는다는 것을 상기하고 천천히 대화하며 상대방이 알아듣기 쉬운 말을 쓰게 되었다.

시간은 기억을 왜곡할 수 있다

1996년 봄, 공무원 5년 차로 여주군청 사회복지과에 근무하던 나는
어느 면사무소 건축 담당자로부터 전화를 받았다. 면에 사회 복지
시설인 무인가 노유자 시설이 있는데 용도는 창고로 허가받았으나
실제로는 요양원으로 무단 변경되어 운영 중이라는 내용이었다.
사실 확인을 위해 현장에 가 보니 실제로 일반 사설 요양원이 아닌
종교 단체에서 운영하는 대규모 실버타운이었다. 입소 비용이
개인은 5천만 원, 부부는 1억2천만 원이나 했다. 이러한 시설은
노인 복지 시설로 인가를 받아야 하는데 그렇지 않으니 당연히
건축법을 위반한 상태였다. 마침 시설의 원장이 출타 중이어서
직접 사회복지과로 방문하라고 요청하고 돌아왔다.

다음 날, 원장이 직원과 함께 찾아왔길래 그 시설이 불법 운영
중이라고 조목조목 설명하고 '자인서'를 쓰게 했다. 그리고 이를
팀장에게 보고했는데 그만 상황이 복잡해졌다. 그 시설 준공식에
군수도 참석했다는 것이다. 이 보고를 받은 부군수가 그냥
놔두라고 지시했다니. 그렇게 처리 방향이 불분명해진
상황이었는데 마침 인사 발령이 나면서 나는 면사무소로 자리를
옮기게 되었다. 아무래도 걱정을 놓을 수 없던 나는 '미인가 시설
조치 보고서'를 작성해서 후임자에게 전달하면서 무슨 일이
생기면 쓰라고 당부했다.

몇 달 뒤, 그 일로 검찰에서 팀장이 조사를 받았다고 들었다. 당시 시설의 원장으로부터 받아 놓은 '자인서'와 내가 작성해서 후임자에게 전달한 '보고서'가 검찰의 신뢰를 얻는 데 결정적인 역할을 했단다. 그렇게 여주군청은 불법에 관여되지 않았다는 결론을 얻었고, 사건은 무사히 마무리되었다. 그로부터 얼마 뒤, 우연히 그 팀장을 만났는데 그때 내가 진행했던 일이 큰 도움이 되었다며 고마움을 표하기도 해서 내심 뿌듯했다.

십여 년이 지났을까. 그 팀장이 퇴직한 뒤였다. 어느 자리에서 그 팀장이 그때 그 모든 문제를 자신이 해결한 것처럼 이야기하는 것을 듣게 되었다. 나도 그 자리에 있었고 속으로는 불편했지만 굳이 반박하지 않았다. 시간이 지나며 기억은 변하고, 자신에게 유리한 방향으로 재구성되기 마련이라는 생각이 들었기 때문이었다.

위기 상황에서는 무엇보다 기록과 증거가 중요하다. 당시 '자인서'와 '보고서'가 없었다면 어떠했을까. 모든 책임을 떠안게 되었을 가능성이 크다. 그러니 당시에는 그 팀장이며 후임자는 마음 깊이 나에게 고마워했을 게 틀림없다. 그러나 시간은 기억을 왜곡할 수 있다. 사람들은 자신을 정당화하거나 돋보이게 하기 위해 과거를 재구성한다. 이것은 인간의 본성일지도 모른다. 그로 인해 억울해지는 사람이 있는데도 그 무용담은 하염없이

부풀려지고 만다. 이때 억울한 사람이 이를 바로잡자고 나서면
어떻게 될까. 마음은 정의로울 수 있어도 당장은 불편한 싸움에
휘말릴 게 뻔하다. 싸움이란 게 그렇다. 결국 둘 다 나쁜 입장이
되고 만다.

당시 나는 최선을 다했고, 그 결과로 여주군청과 이에 관련된
사람들이 입을 피해를 막을 수 있었다. 그것으로 이미 충분하다고
믿는다. 누구라도 시간이 흐르면 과거의 일을 다르게 말할 수 있다.
오히려 중요한 것은 그 순간에 최선을 다해 진실과 마주하고
책임을 다하는 자세가 아닐까.

서른한 살의 나이에 검사를 찾아간 용기

1996년 가을, 밤 10시가 넘었는데 아버지에게서 다급한 전화가
왔다. 원주에서 대학을 다니는 막냇동생이 다쳤다는 것이었다. 가
봐야 알겠지만 매우 위독하다고 학교에서 연락이 왔단다. 학교
축제에서 시비가 붙었는데 그만 심하게 다쳤단다. 원주의료원에서
치료할 수 없어서 원주세브란스병원으로 이송했단다. 둘째 동생과
함께 아버지도 병원으로 가고 있단다. 나도 곧바로 병원으로
출발했다.

병원에 도착하니 수술 중이었다. 수술실 밖에서 기다리는 수밖에
할 수 있는 일이 없었다. 한참을 기다리다 마침 아버지와 둘째
동생이 자리를 비워서 혼자 있는데 수술 집도의가 나왔다. '최대한
노력을 하는데 좋지 않다며 마음의 준비를 하라'고 말한 뒤 다시
수술실로 들어갔다. 마음의 준비라니 이게 웬말인가. 조금 있다가
아버지와 동생이 돌아왔는데 차마 집도의에게 들은 말을 전할 수
없었다. 다시 몇 시간이 지났다. 이번에도 아버지와 동생이 자리를
비운 사이에 집도의가 나오더니 '아무래도 힘들 것 같다'고 말한
뒤 다시 수술실로 들어갔다. 이번에도 아버지와 동생에게 전할 수
없는 것은 마찬가지. 새벽 무렵, 다시 집도의가 나와서 '가망이
없다'고 말한 뒤 다시 수술실로 들어갔다. 이번에도 나밖에 없어서
혼자서 정신적인 충격을 고스란히 받게 되었다.

정신적인 충격이야 어떻든 동생이 무사해야 할 텐데 자정부터
시작된 수술은 자꾸 길어졌다. 8시쯤 집도의가 나와서 '우선 할 수
있는 것은 다했으니 이제 기다리는 수밖에 없다'고 말했다.
6시쯤에 수술을 끝내고 마무리를 하는데 배가 부풀어 올랐단다.
다시 열어 지혈이 안 된 혈관을 찾아 꿰매느라 수술이 길어졌단다.
다행히도 그렇게 수술을 마칠 수 있었단다. 삼일이 고비란다.

막냇동생은 천운으로 고비를 넘겼다. 다행히 생명에는 지장이
없지만 후유증은 있을 수 있다는데 그게 어디인가. 그렇게 병원
생활이 시작되었다.

막냇동생을 다치게 한 가해자는 구치소에 수감되어 있었다. 검사가
살인 미수로 10년형을 구형한 상태에서 재판 결과를 기다리게
되었다. 가해자 부모는 중형을 피하기 위해 합의를 해 달라고
병원까지 찾아왔다. 반성이니 합의금이니 하는 이야기는 제대로
없었다. 그저 입원실 앞에 앉아 있다가 가는데 자신들도 피해를
봐서 억울하다는 입장도 있는 듯했다. 가해자 쪽은 이런 방면의
전문가가 조언을 해 주는 것 같았다. 반면 우리 쪽은 다른 입원
환자의 보호자들로부터 쓸데없는 조언을 들어야 했다. 그렇게
합의가 지연되는 가운데 가해자 측은 천만 원을 공탁하고 그
결과를 법원에 제출한 모양이었다.

1심 재판 결과는 징역 1년 8개월에 집행유예 3년이었다. 이렇게 되면 동생이 안게 될 후유 장애에 대한 보상은 어떻게 되는가. 적당히 가해자 부모를 구슬러서 현실적인 보상을 받았어야 했는데 무조건 보상을 많이 받아야 한다는 주변 사람들의 말을 들은 게 잘못이었을까. 아버지는 크게 낙담했다.

나는 곧바로 원주지방검찰청으로 가서 검사를 만나 재판 결과를 인정할 수 없는 입장을 밝혔다. 병원에 있는 동생은 아직 합의도 못해서 치료비며 나중에 발생할 후유 장애에 대한 대책도 없는데 우리는 어떡하냐고 사정도 고했다. 말 없이 듣고만 있던 검사는 창밖을 보며 한참을 생각하더니, 재판 결과가 아직 넘어오지 않아 자세한 사항은 확인해 봐야겠지만 상고를 검토해 보겠다고 했다.

나는 집으로 돌아와 제일 먼저 탄원서를 작성했다. 가해자에게 오히려 면책을 주는 재판 결과가 부당하며, 피해자와 합의조차 하지 않는 가해자를 엄벌해 달라는 내용이었다.

사건 진행 사항을 알아보니 다행히 검사가 상고해서 고등법원에 접수되어 있었다. 지금부터는 가해자도 편치 않을 것이었다. 우선 고등법원은 변호사비만 해도 천만 원이 넘는다. 게다가 가해자는 몇 개월간 수감되어 있었으니 교도소로 다시 들어가는 것은 상상도 하기 싫을 것이다. 작성한 탄원서를 법원에 제출하고 기다리자니 아니나 다를까 1심 재판에서 풀려난 가해자가 직접 찾아왔다. 아버지에게는 내가 알아서 할 테니 나서지 말라고 한 상태였다.

찾아온 가해자를 보니 한 대 쥐어박고 싶었지만 우선은 살살 달래야 우리가 원하는 것을 얻을 수 있었다. 가해자는 현금 천만 원을 가지고 왔다. 먼저 1심 재판 전에 법원에 천만 원을 공탁했으니 최종 2천만 원으로 합의를 원하는 것이었다. 처음부터 진심으로 용서를 구하고 합의를 했으면 얼마나 좋았을까. 이렇게 합의해 줄 마음은 없었다. 더 많이 받아 낼 수는 없을 것 같고 가지고 온 천만 원에 추가로 천만 원을 지급하되 분할해서 보상할 것을 요구했다. 총 3천만 원에 합의하는 것이었다. 지금으로는 우리의 형편이 나빠 이게 최선이었다. 그렇게 합의서를 써 주고 마무리를 했다.

원주지방검찰청의 검사도 알고 있었을 것이다. 상고를 해서 2심 재판까지 가게 되었을 때 당사자들끼리 합의를 하면 재판이 취소된다는 것을. 그래서 그날 검사가 창밖을 보며 한참을 생각한 것이리라. 아마도 피해자에 대한 보상을 고려했을 것이다. 검사 자신의 평가를 위해서는 쉽지 않은 결정이었을 텐데 지금 생각해도 고맙기 그지없다.

당시 서른한 살의 나이에 검사를 찾아간 용기는 어디서 왔을까.

막냇동생을 위하는 가족애였을까. 아버지의 실수를 되돌리려는 효심이었을까. 잘못된 것을 바로잡겠다는 정의였을까.

엄마가 무서워

1996년, 나는 사회복지과에서 근무하고 있었다. 하루는 퇴근해서 집에 들어왔는데 방 한쪽에 앉아 있던 딸아이가 또르르 달려오더니 내 다리에 매달리며 갑자기 흐느끼는 게 아닌가. 아내의 표정도 심상치 않았다.

"엄마가 무서워."

무슨 일이 있었는지는 모르지만 퇴근하는 아빠를 기다렸다가 이르는 것이다. 저 어린 것이 아빠가 올 때까지 얼마나 궁리를 했겠나 싶었다. 딸아이를 달래며 아내를 빤히 쳐다보았다. 무슨 일이 있었나 하는 눈빛으로.

다음 날 아침, 출근 준비를 마치고도 뭉기적뭉기적 출근하지 않고 다시 앉았더니, 새침해진 아내가 출근하지 않고 뭐 하냐고 따져 물었다.

"저 무서움에 떠는 애를 혼자 두고 어떻게 출근하냐."
"내가 계모야."

아내는 알았으니까 어서 출근하라고 자꾸 등떠밀었다. 딸아이는 방저쪽에서 이 상황을 지켜보고 있었다. 비장한 얼굴이었다. 나는 저 어린 것에게 믿음을 주어야 했다.

"아빠 갔다 올게."
"응."

난 지금도 딸아이가 그때 왜 '엄마가 무섭다'고 했는지 모른다. 아내한테도 묻지 않았다. 딸아이는 자신이 느낀 감정 그대로를 나에게 표현했고, 난 그대로 받아들인 것이다. 누구의 잘잘못도 따지지 않았다. 나와 아내 그리고 딸아이는 그날의 일을 아무렇지도 않게 지나 보냈다.

아이들은 다 어리다고 하지만 다 자기 꿍꿍이가 있다.

슬기로운 대처는 그 다음이다

딸아이가 아주 어렸을 때였다. 그날은 모임이 있어서 좀 늦게
퇴근했는데 아내가 우는 딸아이를 안고 달래고 있었다. 자신도
울었는지 눈이 퉁퉁 부어 있었다. 딸아이가 도통 우유를 먹지
못한다는 것이었다. 수족구병이었다. 딸아이는 입안이 헐어
우유병 꼭지를 빨면 쓰라리니까 우유를 먹지 못했다. 딸아이가
아파서 울고 배고파서 우니까 속상해서 아내도 같이 울고 있던
것이다.

우유를 가져와서 대접에 따르고 숟가락으로 떠먹여 주니 다행이 잘
받아 먹었다. 우유는 부드러워 입안이 헐었어도 자극을 주지
않는다. 다만 우유병 꼭지를 빨 때 상처난 곳이 닿아서 쓰리기
때문에 아파서 먹지 못하는 것이다. 간단한 일인데 경험이 없으면
미처 생각을 못하는 부분이다. 딸아이는 한 그릇의 우유를 다
먹고는 배가 부른지 편안하게 잠이 들었다. 고생하는 아내를
위로하고 나도 씻고 잠을 청했다.

아이들이 앓는 질병 중에 큰 불편을 주는 게 아마 수족구병일
것이다. 입안이 헐고 손과 발에 물집이 잡히는 병이다. 감염병으로
다른 사람에게 옮기기도 한다.

아내하고 나하고는 여섯 살 차이가 난다. 20대 초반의 이른 나이에 결혼을 해서인지 서투른 게 많았다. 어린 나이에 엄마가 된 것이니 당연하다. 아이들은 엄마와 아빠가 함께 키우는 것이고, 아이들을 키우다 보면 예기치 않은 일들을 겪곤 하는데 그때마다 두 사람은 힘을 합쳐야 한다. 슬기로운 대처는 그 다음이다.

이 사람이 정말

1994년 봄, 공무원 생활을 시작한 지 1년 6개월쯤 되었다. 먼저
근무한 면사무소에서 다른 면사무소로 근무지를 옮긴 상태였다.
출장을 나갔다가 들어오니 검찰에서 전화가 왔었다는 전달이
있었다. 남겨 놓은 연락처로 전화를 걸어 물으니 조사할 것이
있다고 하면서 검찰로 들어오라고 하는 게 아닌가. 먼저 근무한
곳에서 문제가 생긴 것 같은데 무슨 일인지는 가 봐야 알 것 같다고
부면장에게 보고하고 검찰로 출발했다.

담당 계장을 찾아갔더니 곧바로 조사를 시작했다. 책상 위에는
문서가 한 보따리 쌓여 있었다. 얼핏 보니 주민 등록 발급
신청서였다. 한 200여 장이 넘는 것 같았다. 담당 계장과 마주 앉아
조사를 받으면서 이야기를 들어 보니 국가 보조금을 부정하게
수령한 사건이었다. 지역 농협과 땅콩 가공 공장이 일을 부당하게
처리한 것이라고 했다. 그 과정에서 보조금 수령 청구에 주민 등록
등본이 사용되었는데 이게 문제가 된 것이었다. 통상 보조금
수령에는 인감 증명서를 사용하는데 주민 등록 등본이 사용되었고,
여기서 주민 등록 등본 발급이 '대리 발급'으로 확인되어서 발급
과정에 불법이 있는지를 조사하는 것이었다. 대량으로 발급된
등본에는 내 직인이 찍혀 있었다. 순간 후임자에게 서운했으나
당장은 어쩔 도리가 없었다. 아니, 이렇게 황당할 때가 또 있을까.

이 서류는 먼저 근무지 민원팀에 보관되어 있는 것인데 이것을 수사 기관에 제출했으면 전임자한테도 알려 줘야 하는 것 아닌가.

"등본에 당신 도장이 찍혀 있는데 당신이 발급한 게 맞나요?"
"아닙니다. 제가 발급한 게 아니에요."

담당 계장이 물었을 때 등본과 발급 신청서를 다시 자세히 보니 발급일이 1992년 12월이었다. 그때는 내가 신규 발령받은 지 한 달이 조금 넘었을 때였다. 당시에 민원팀에는 호적 계장, 주민 등록 담당, 병사 업무 담당, 민방위 제증명 담당 그리고 주민 등록 보조 사무원이 근무하고 있었다. 한가지 분명한 것은, 그 당시 나는 대량으로 등본을 발급한 적이 없었다. 200여 통이나 발급 신청서를 받고 등본을 발급했다면 당연히 기억에 남기 마련이었다.

"등본에는 당신 이름이 발급자로 되어 있고 확인 도장도 찍혀 있어요."
"그래도 저는 발급하지 않았습니다."
"그럼, 누가 발급한 거예요? 이 발급 신청서는 누가 작성한 거냐구요?"
"저는 아닙니다."
"그럼 주민 등록 담당 김 주사예요?"
"김 주사도 아닙니다. 그 사람 글씨가 아니에요."

"그럼 한 주사예요?

"한 주사도 아닙니다. 그 사람은 병사 업무 담당으로 평소에 주민 등록 등본은 발급하지 않았어요."

발급 신청서를 보여 주며 담당 계장이 다시 물었다.

"도장이 이렇게 찍혀 있는데 진짜 당신이 발급한 거 아니에요?"

"아닙니다. 제가 제증명 담당자여서 관례대로 제 도장을 찍은 것 뿐입니다. 제가 출장을 가도 제 이름으로 발급하는 게 관례입니다. 다른 사람이 발급해도 제 도장을 찍습니다. 그렇지 않으면 제 업무를 대신해 줄 사람이 없습니다. 이런 일로 조사를 받기도 하는데 담당자가 아닌 누가 자기 도장을 찍어가며 대신해 주겠어요. 그리고 그 당시는 대통령 선거 기간이어서 선거 업무로 벽보를 붙이는 등 마을 출장이 잦았습니다. 제가 없을 때 발급된 것 같습니다."

"그래요. 박 주사가 발급하지 않았다고 하면 이 신청서는 도대체 누가 쓴 거예요? 주민 등록 담당자도 아니라고 하고, 병사 업무 담당자도 아니라고 하면 도대체 누가 발급한 거예요?"

"그거 발급한 사람은 주민 등록 보조 사무원인데 이미 퇴사했습니다."

"그래요? 그럼 그 사람 연락은 되나요? 발급 과정을 조사해야 되는데요."

"연락은 됩니다."

"그 사람 지금 어디 있어요?"

"우리집에 있습니다. 제 아내예요."

"아니, 이 사람이."

"전화번호 줘 봐요. 연락하게."

"그냥 제가 걸게요."

"전화번호 줘요. 내가 할 테니."

"지금 아내가 임신해서 만삭인데 계장님이 갑자기 전화하면 놀랄
것 같아서 그래요."

"내가 놀라지 않게 전화할 테니까 번호 줘 봐요."

담당 계장이 고집을 피우며 굳이 전화번호를 누르더니 아내가
전화를 받으니까 얼른 나를 바꿔 주었다. 이럴 거면 그냥 내가 전화
걸게 하지. 지금 검찰에 와 있고, 간단하게 확인해 줄 게 있으니
이리로 오라고 차분차분 말했다. 아내는 알았다며 전화를 끊었다.
담당 계장이 오래 걸리냐고 걱정스런 말투로 묻는 데 대고 5분이면
온다고 쏜살같이 답해 주었다. 우리집은 검찰 후문에서 100미터
거리에 있었다. 담당 계장이 '이 사람이 정말' 하는 표정으로 나를
쳐다보길래 슬그머니 고개를 돌렸다. 절대로 민망해서 시선을 피한
것은 아니었다.

조금 있다가 아내가 걱정스런 표정으로 들어왔다. 담당 계장이

다짜고짜 등본 발급에 대해 묻자 아내는 한참을 생각하더니 그날의 일을 그대로 진술했다. 면장이 올라오라고 해서 면장실로 올라갔더니 공장 전무가 함께 있었단다. 등본 발급받을 사람들 명단하고 도장을 건네주길래 받아들고 내려와서 한꺼번에 발급 신청서를 작성하고 등본을 발급해서 전달했단다. 마침내 아내의 진술로 '대리 발급'이 분명해졌다. 담당 계장은 나중에 대질이 필요하면 한 번 더 부르겠다고 하며 우리를 보내 주었다. 조사 받느라 수고했다는 말도 잊지 않았다.

검찰에서 돌아온 뒤 며칠간은 혹시나 잘못되는 것은 아닌지 엄청 신경이 쓰였다. 나중에 들으니 농협 직원과 공장 관계자가 모든 잘못을 인정해서 대질할 필요도 없이 수사가 마무리되었단다. 다행이었다. 당시는 주민 등록 등본, 인감 증명 등 제증명 발급에 본인 확인이 강화되고 있던 시절이었다. 도대체 누굴 믿을 수 있을까. 나는 맨 처음 발령받아 면사무소에 근무하면서 고향 마을 잘 아는 아저씨도 신분증 가져오라고 돌려보냈다. 냉정하게도.

지금 보니 30여 년 공무원으로 일하는 동안 다른 사람들보다 경찰이나 검찰 조사를 많이 받은 편인 것 같다. 혐의자로 두 번, 불법 행위자를 고발해서 한 번, 이렇게 세 번이나 된다. 운세에 '관재수를 조심하라'는 게 있다. 경찰서 따위 사법 기관에 갈 일을 만들지 말라는 것이다. 가해자든 피해자든 참고인이든 그 어느 쪽이든 조사 받는 것은 그리 달갑지 않다. 아무래도 신체적으로나 정신적으로나 힘들기 마련이다.

공무원 생활 1년 만에 사직서를 제출하다

1993년 11월, 내 나이는 스물여덟. 공무원 생활을 시작하고 막 1년이 지났다. 결혼을 한 달 앞두고 있었다. 1992년 초임으로 민원팀에 발령받은 지 6개월 만에 산업팀으로 자리를 이동했고, 산업팀에 발령받은 지 5개월 만에 총무팀으로 자리를 이동했다. 1년 만에 3개 팀이나 돈 것이다. 특히나 민원팀에서 산업팀으로 이동할 때는 주민 등록 담당이라 2년간 전보가 제한되었는데도 그렇게 발령이 났다. 주민 등록 담당 보직을 받은 게 1993년 4월이었으니까 고작 한 달 만에 부적절하게 자리가 이동된 것이다.

자리가 이동이 된 이유도 가지가지였다. 민원팀에서 산업팀으로 갈 때는 복지팀에서 근무하던 직원이 복지 업무가 싫다고 해서 내 자리를 내주었다. 산업팀에서 총무팀으로 갈 때는 무단으로 산림 훼손한 행위를 부면장이 적발해서 고발 조치하는 과정에서 고발을 막으려는 다른 이의 입김으로 자리를 이동하게 되었다. 그야말로 동네북 신세였다. '땜빵요원'으로도 생각했던 것 같은데 이유도 별다른 게 없었다. 대학을 졸업한 사람이란 게 이유라면 이유였다. 어차피 조금 하다가 그만두고 다른 직장을 찾아갈 놈이라는 것이다. 당시 면사무소 직원은 20명 가까이 되었는데 대학 출신은 나밖에 없었다. 몇 개월 뒤에 대학 출신 후임이 들어오긴 했지만 그때만 해도 대학 출신이 있을 곳이 아니라는 기운이 셌다.

행정학과 출신이 면서기가 되면 안 되는 걸까.

참, 한 가지 일이 더 있었다. 내가 신규 임용된 지 두 달 만에 여주군
정기 인사가 있었는데 그때 민원팀으로 발령난 직원이 1개월이 채
되지 않아 무단 결근하더니 스스로 목숨을 끊은 일이 있었다. 그
빈자리에 직원을 배치해 주지 않아 공무원 경력 2개월밖에 되지
않은 내가 3개월간 그 직원의 일까지 떠안아야 했다. 매일 저녁
10시까지 야근하느라 고생이 심했다. 일은 당연히 힘들었고, 그
직원의 불미스러운 일도 심적으로 부담이 많이 되었다. 모르긴
몰라도 직원의 죽음과 아무런 관련이 없는 나에게도 좋은 평가가
내려지진 않았던 것 같았다. 지금 생각해도 그 직원의 일은 참
안되었다. 나하고는 동갑이었는데.

참으로 비겁한 동료들이었다. 신규 직원이 다른 사람의 일까지
대신하며 야근한 대가가 고작 원치 않는 인사로 자리를 이동하는
것이었다. 민원팀의 급한 불을 끄게 하고는 산업팀으로 내몰고,
다시 총무팀으로 이동시키는 인사를 버티지 못하고 나는 그만
사직서를 쓰고 말았다. 이리저리 내몰리면서 들볶이느니 차라리
그만두는 게 낫다고 생각했던 것이다. 사실, 사직서를 제출한 그날
이런 일이 있었다. 퇴근 시간이 지나서 산업팀으로 내려가니 다들
저녁을 먹고 있었다. 그때 나를 보고 산업팀 차석이 한마디했는데
엄청 거슬리는 말이었다. 내가 총무팀으로 발령난 이유를 누구보다

잘 알고 있고 누구보다 나를 보호해 줘야 할 입장인 차석이었다. 그의 입에서 나에게 문제가 있어서 총무팀으로 발령난 것이라는 말이 나오다니.

도대체 나에게 무슨 문제가 있다는 말일까. 부면장의 지시를 따라 불법 행위자를 고발하려던 것이 잘못된 것인가. 공무원 생활 겨우 6개월밖에 되지 않아 고발 서류 하나 제대로 꾸미지 못하는 나에게 제대로 일을 알려 주지도 않았으면서 그게 할 소린가. 진짜 비겁한 사람이었다. 그 차석이 지금까지 이 일을 기억하고 있을지는 모르지만 진짜 그러면 안 되는 일이었다. 설령 내게 부족한 점이 있었다 하더라도. 차석은 신입 공무원인 나를 팀에서 가장 가까이 봐 왔던 사람이지 않은가. 빈정이 엄청 상해서 내가 관두면 될 거 아니냐며 사직서를 써서 면장실 책상 위에 두고 나왔다. 결혼을 한 달 앞둔 때였는데 왜 그렇게 무모했는지. 집에 와서 면장 집으로 전화를 하니까 부인이 받았다. 사직서를 면장실에 두고 왔는데 혹시나 못 볼까 봐 전화했다고 자초지종을 말했다. 부인은 걱정되는 말투로 왜 그러냐며 잘 이야기할 테니 내일 출근하라고 다독였다. 부인의 따뜻한 위로는 고마웠는데 사무실 사람들이 하도 미워서 더 이상 같이 근무하고 싶은 마음이 들지 않았다.

다음 날, 예비 처가집에 들러서 사직서를 냈다고 고하는데 나이 많은 장모는 말이 없었다. 결혼을 한 달 앞두고 사표를 내다니.

이게 보통 일인가. 난 그길로 며칠 전에 봐 두었던 지역 농협 시험 공고가 생각나서 농협에 있는 후배를 찾아갔다. 내 이야기를 들은 후배는 시험 접수 마감이 어제까지였다면서 엄청 당황스러워 했다. 원서만 내면 붙을 자신이 있거나 말거나 아예 접수조차 할 수 없었다. 결혼이 한 달 앞이라 별생각이 다 들었다. 내일 사무실에 나가면 다시 받아 줄까. 비웃지는 않을까. 사실 비웃는 건 문제도 아니었다. 앞으로 살아갈 일이 문제였다.

다음 날, 다시 출근하기가 죽기보다 싫었지만 평소보다 일찍 나가서 면장을 기다렸다. 면장이 와서 따라 들어가니, 어디 직장은 알아본 곳이 있냐고 물었다. 없다고 하니 그럼 홧김에 사직서를 낸 거냐고 되물었다. 그러고는 가서 팀장한테 죄송하다고 하고 다시 일하라고 다독여 주는데 만감이 교차했다. 면장실을 나와 사무실로 들어가니 총무팀장이 나를 보고 한마디했다.

"관둔다더니?"
"나가 보니 갈 데가 없더라구요."

말 좀 예쁘게 하면 어디 덧나나. 묻는 말이 곱지 않으니 대답에 정성을 들일 필요도 없어서 편하게 대답했다. 고마웠다. 변함이 없어서. 그렇게 나는 뻔뻔하게 자리에 앉아서 내 업무를 다시 시작했다. 그리고 한 달 뒤에 결혼도 했다. 다시 한 달 뒤에 주례 선생 자제에게 청탁해서 다른 면사무소로 탈출도 했다. 다른 면사무소에서의 생활은 순조로웠다. 같이 일하는 사람들 인성 자체가 달랐다. 무슨 일을 해도 잘한다고 칭찬해 주었다. 공무원 생활 1년 만에 처음으로 다른 직원들에게 인정받으면서 일했다. 공무원 생활 1년 만에 사직서를 제출했던 그날 뒤로 지금까지 다시는 사직서를 쓰지 않았다.

그때 새로 만난 직원들은 지금까지 30년간 만남을 지속해 오고 있다. 나는 공무원으로 32년간 재직하고 있다.

하늘은 스스로 돕는 자를 돕는다

1992년, 나는 공무원 시험 필기 시험에 합격하고 면접에 필요한
서류 접수를 앞두고 있었다. 그 당시는 경기도에서 시험을
주관해서 면접에 필요한 서류를 경기도청 고시과에 접수해야 했다.
안전하게 접수 마감 2-3일 전에 접수하려고 했는데 친구가 수원에
볼일이 있다고 같이 가자고 해서 굳이 날짜를 미루었다. 하필이면
그날이 면접 서류 접수 마감일이었다.

수원에 도착해서 친구는 터미널에서 헤어졌고, 혼자서 경기도청에
갔다. 담당자가 서류를 보더니 최종 학력 증명서가 빠졌다고
보완해서 제출하라고 하는데 그때가 이미 오후 3시였다. 수원에서
청주에 다녀오려면 시간이 턱없이 부족했다. 담당자에게 사정을
이야기했지만 반응은 냉정했다. 지금 이렇게 이야기하고 있을
시간에 어서 다녀오는 게 좋을 거라고 하는 말이 단호하기
그지없었다. 앞이 깜깜할 뿐 달리 방도가 없었다. 지금이야 '팩스
민원 신청'이라고 해서 가까운 읍면동사무소에 가서 신청하면 두
시간 이내에 받을 수 있지만 그때는 그런 제도가 없었다. 2000년이
되어서야 시작한 민원 서비스였다.

경기도청 고시과를 나와 택시를 기다리는데 아까는 그렇게도 많이
보이던 택시가 하나도 보이지 않았다. 그렇게 서류 봉투 하나 들고

애타게 택시를 기다리는데 웬 승용차 한 대가 내 앞에 서는 게
아닌가. 30대 후반으로 보이는 남자였는데 어디를 가느냐고 묻는
것이다. 터미널에 간다고 하니 남자는 잠깐 생각하는 듯하더니
이내 타라고 손짓했다. 남자는 사업 인허가 서류를 제출하러
왔다고 했다. 그 남자도 마찬가지로 서류가 미비해 보완하러
나가는 길인데 내가 어딘가 몹시 급해 보이더란다. 나도 간략하게
사정을 이야기했다. 알고 보니 그 남자는 서울로 가야 해서
터미널에 가려면 돌아가야 하는 데도 나를 태워 준 것이었다.
외모는 화려하지 않아도 꽤 점잖아 보였다. 덕분에 터미널에 잘
도착했다.

마침 청주 가는 버스가 신호에 걸려 횡단보도 앞에 정차하고
있었다. 하필이면 버스 옆에 교통 경찰이 서 있을 게 뭐람. 버스
기사는 문을 열지도 못하고 눈치만 보고 있었다. 정류장이 아닌
곳에서 승객을 태우는 것은 불법이니까. 그런 상황을 눈치챘는지
교통 경찰이 못 본 척 다른 곳을 보길래 나는 얼른 문을 열어
달라고 긴박하게 두드렸다. 다행히 버스 기사가 문을 열어 주어서
버스에 오를 수 있었다.

승차권이 없으니 버스 요금은 현금으로 냈다. 맨 뒤에 빈자리가
보여 들어가서 앉으니 앞에 앉은 승객이 나에게 무엇인가를
이야기하려는 듯 자꾸 쳐다보았다. 뭔가 급한 일이 있는 것 같아

보인다면서 아무리 급해도 안 되는 일이 있더라며 자신이 아침에 겪었던 일을 이야기하기 시작했다. 아침에 엘지(LG) 본사에 교육이 있어서 청주에서 출발했는데 아무래도 늦을 것 같아 택시를 탔단다. 하필이면 그 택시를 버스가 들이받는 바람에 병원으로 실려가 누워 있느라 교육도 못 받고 이제야 청주로 돌아가는 길이란다. 급할수록 천천히 하라는 말도 덧붙였다. 얼마나 입이 근질거렸을까. 그 승객은 오늘 아침에 겪었던 황당한 일을 이야기하고 싶었고, 그 상대가 나였던 것이다. 덕분에 잠시나마 숨도 고르고 마음도 고를 수 있었다.

청주에 도착하니 오후 5시였다. 급히 택시를 잡아타고 학교에 도착했는데 교학과에 사람이 많아 발급받으려면 시간이 많이 걸릴 것 같았다. 담당자에게 사정 이야기를 하고 부탁을 했으나 순서를 기다리라는 답만 들었다. 하필이면 오늘따라 담당자들은 왜 그렇게 냉정한지. 야속한 마음까지 일었다. 그런 상황을 지켜보던 관리자가 다가와서 왜 그러느냐고 묻길래 다급한 사정 이야기를 했다. 그때는 정말 눈앞에 보이는 게 없었다. 그런 마음을 알았을까. 관리자는 담당자에게 우선 발급해 주라고 지시했다.

보완 서류는 무사히 발급받았지만 시간이 턱없이 부족하다는 게 문제였다. 당장 출발한다 해도 퇴근 시간인 6시까지 경기도청 고시과에 도착하는 것은 불가능했다. 착잡한 심정으로 담당자에게

전화해서 사실대로 상황을 전했다. 걱정했던 것과는 달리 담당자는
어서 오기나 하라며 오히려 나를 안심시켰다. 나는 얼른 터미널로
가서 수원 가는 버스에 올랐다. 마침내 수원으로 들어선 버스는
도청을 지나쳐 가는 것 같았다. 급하게 버스 기사에게 사정하니
도청 앞 길 한쪽에 정차하고 나를 내려 주었다. 고마운 버스 기사
덕분에 터미널에서 도청까지 오는 시간을 벌었다.

경기도청에 도착하니 저녁 7시가 넘어가고 있었다. 벌써 정문은
닫혀 있었고 경비실에서 출입을 통제하고 있었다. 면접에 필요한
서류를 제출해야 한다고 하니 전화로 고시과에 확인하고 들여보내
주었다. 무사히 고시과에 도착하니 정말 담당자가 기다리고
있었다. 서류를 받아 든 담당자가 한마디했다. 당신 한 사람 때문에
지금 몇 명이 퇴근도 못하고 있는 줄 아느냐고. 둘러보니 대여섯
명이 자리를 지키고 있었다. 그렇게 불가능할 것 같던 서류 접수가
무사히 끝났다.

그날 나는 여섯 명의 의인을 만났다. 경기도청에서 터미널까지
태워 준 남자가 첫번째 의인이고, 일부러 못 본 척해 준 교통
경찰이 두번째 의인이고, 신호 대기 중에 버스에 태워 준 기사가
세번째 의인이고, 긴박한 사정을 듣고 담당자에게 서류를 우선
발급해 주라고 지시한 교학과 관리자가 네번째 의인이고, 지나쳐야
하는데도 도청 앞에 정차해서 나를 내려 준 버스 기사가 다섯번째

의인이고, 늦게까지 기다려 준 경기도청 고시과 담당자가 여섯번째 의인이다. 어쩌면 그날 이 여섯 명 외에도 알게 모르게 더 많은 의인이 도왔을 것이다.

돌아보면 주변에는 의외로 의인이 많다. 결국 이는 하늘은 스스로 돕는 자를 돕는다는 말과 다르지 않다. 의인이란 말이 거창해 보이지만 어려운 처지에 놓여 있는 타인에게 도움을 주는 사람은 다 의인이다. 그 의인들 덕분에 나는 공무원이 될 수 있었고, 평생 공무원으로 열심히 일할 수 있었다. 예로부터 우리에게 깃들어 있는 상부상조의 정신을 실천하는 것, 어떤 상황이라도 어려운 처지에 있는 사람을 위해 최선의 선택을 하는 것, 자신의 직무를 소홀히 하지 않는 것 등 적극 행정을 하자고 애썼다. 그것이야말로 바람직한 공직자의 자세다. 내가 되고 싶은 공직자상이다.

나는 지방 대학에서 행정학을 전공했다. 그래서 공무원이 되는 것을 당연시했다. 그때만 해도 지방 공무원이 아닌 행정 고시를 통과해 중앙부처로 진출하고 싶었는데 실력이 뛰어나야 했고 어느 정도 집안 형편도 좋아야 가능한 일이었다. 우리집 형편은 계속 나빠지는 상황이었다. 1990년대 초 우리나라는 삼성, 엘지, 대우 등 대기업을 제외하고 취업할 수 있는 기업이라고 해야 건설사와 은행권 정도였다. 그것도 지방 대학 출신자는 대부분 서류 접수에서 떨어지는 상황이었다. 지역에서 갈 수 있는 곳은 지역 농협이나 공무원이 되는 게 최선이었다. 그래서 나는 공무원 시험을 준비하게 되었다. 봄에는 9급 시험이, 가을에는 7급 시험이 예정되어 있었다. 집안 사정을 감안해서 봄에 9급 시험을 먼저 보았고, 가을에 7급 시험을 보았는데 최종적으로 9급 시험에만 합격해서 공직의 길로 들어서게 되었다.

내가 공무원이 된 1992년도에는 경기도 합격자 평균이 76점 정도였다. 경쟁률은 평균 10:1 정도였던 것 같다. 그 전년도부터 여성 할당제가 폐지되어 여성의 경쟁력이 높아지니 경쟁률도 높아졌다. 1989년까지는 남자 열 명에 여자 한 명 비율로 채용하던 구조였다. 지금 공무원이 되는 직원들은 대개 노량진 학원가에서 3년 정도 공부를 한다고 한다. 직급이나 직렬마다 기준은 다르지만 대개 30:1 정도 경쟁률을 거친다.

공무원이 되어 가끔 고비가 있을 때마다 그날을 생각하곤 한다. 공무원이 되려면 우선 스스로 공직자로서의 의무를 다하겠다는 각오가 서야 한다. 그 다음에는 공직자로서의 업무를 수행할 능력이 있는지 채용 시험을 치러야 한다. 난 그 당시에 높아진 경쟁률을 거치고, 여기에 하나 더해 하늘의 도움까지 받은 셈이다. 덕분에 나는 아직도 누군가에게 도움이 되는 삶을 살라는 공직자로서의 강한 소명의식에 사로잡히곤 한다.

사람의 인연은 결코 가볍지 않다

역사를 배우는 또 다른 방식

눈을 감으면

절대로 창피한 일 아니다

그 시절 편지들은 글자보다 더 큰 의미를 담고 있었다

조금은 단단한 걸음으로 걸어가야지

내가 베꼈다는 글은 도대체 누가 쓴 글일까

그때 나는 왜 그랬을까

자신을 구해야 할 사람은 자신뿐이다

집 나가면 고생인데

엄마의 심부름

외삼촌은 어디 가서 그렇게 돌아오지 않았을까

고추잠자리

사람의 인연은 결코 가볍지 않다

1991년 가을, 나는 대학교 4학년이었다. 공무원 시험을 준비하며
집에서 책을 보다가 누나와 말다툼하고 화가 난 나머지 집을
나서게 되었다. 마땅히 갈 곳이 없던 나는 시골에 사는 친구가
생각나서 정류장에서 막차를 타고 친구 집을 찾았다. 예상치 못한
방문에도 친구는 반갑게 맞아 주었다. 저녁을 먹고 친구 방에서
이런저런 이야기를 나누던 중 친구는 1985년 있었던 일을 회상하며
말을 꺼냈다.

그 당시 친구와 나는 대학 신입생이었다. 친구는 충북대학교에
나는 청주대학교에 다녔다. 어느 날, 친구는 집에 갈 차비가 없어
내 하숙집까지 4킬로미터를 걸어왔고 나에게 차비를 빌려 달라고
부탁했다. 나는 책꽂이에서 책을 꺼내 책갈피에 고이고이 숨겨
두었던 만 원짜리 한 장을 건넸다. 친구는 그 돈으로 집에 갈 수
있었단다. 나는 벌써 까맣게 잊고 있었던 일이었지만 친구는
고마운 기억으로 간직하고 있었다.

그날 밤 친구와 이야기하며 이런저런 마음의 짐이 풀렸고, 다음 해
공무원 시험에 집중할 수 있었다. 그 뒤로 우리는 여주경찰서 옆
독서실에서 함께 시간을 보냈다. 그러던 어느 날, 경찰서에서
퇴근하는 여직원들을 보았다. 나는 장난삼아 친구에게 물었다.

"너 혹시 저 여직원들 중에 마음에 드는 사람 있냐?"

그때 친구가 쭈뼛쭈뼛 가리킨 여직원은 공교롭게도 나의 대학 후배의 여동생이었다. 나는 친구와 대학 후배의 여동생을 소개해 주었고 둘은 결혼에 이르렀다. 친구는 결혼한 뒤 소방서에서 근무하다가 군청에 임용되었다. 친구는 산림과에서 일하며 내가 해결해야 할 문제에도 많은 도움을 주었다. 그 친구를 생각하면 오래된 인연이 주는 힘을 다시금 느끼게 된다. 사람의 인연은 결코 가볍지 않다.

역사를 배우는 또 다른 방식

근현대사를 돌아보면 대한민국은 1950년 6.25 전쟁, 1960년 4.19 혁명, 1961년 5.16 혁명 등 굵직한 사건들로 점철되어 있다. 책 속에서 배우던 이 사건들은 때로는 먼 이야기처럼 느껴졌는데 주인집 아주머니의 이야기를 들은 그날 뒤로는 다르게 다가왔다. 역사는 결국 사람의 이야기라는 것을 깨닫게 해 준 순간이었다.

1991년 어느 날, 작은 월세방에서 지내던 나는 오후의 평화로운 시간에 주인집 아주머니로부터 '차 한잔하자'는 초대를 받았다. 무슨 이야기를 할까 궁금해하며 마주 앉았다. 따뜻한 햇살이 비추던 봄날이었다. 아주머니는 조심스레 본인의 과거 이야기를 꺼내 놓았다.

"학생이 이 집에 처음 왔을 때, 참 신기했어. 며칠 전에 절에서 본 청년이 자꾸 겹쳐 보이더라."

아주머니는 어느 절에서 봤던 인상 깊은 청년이 내가 아닐까 생각했단다. 그러면서 어린 시절부터 살아온 이야기를 시작했다. 그 이야기는 단순한 과거 회상이 아니라 개인적인 아픔과 역사의 무게를 담고 있었다. 지금까지도 내 기억 속에 남아 있는 것을 보면 말이다.

아주머니는 6.25 전쟁 때 어린 남동생을 데리고 남쪽으로
내려왔단다. 피난 중 폭격을 맞아 정신을 잃었고, 깨어나 보니
남동생은 흙더미 속에 묻혀 있었단다. 손으로 흙을 마구 파헤쳐
남동생을 구해낸 뒤, 두 사람은 간신히 남쪽에서의 새로운 삶을
시작했는데 생계가 막막했단다. 그때 고향 선배 언니가 도움의
손길을 내밀어 그럭저럭 다방을 운영하며 돈을 모을 수 있었단다.
어렵게 마련한 안정된 삶 속에서 남동생은 대학생이 되었단다.
성장하는 동생의 모습을 보는 것이 아주머니에게는 큰
기쁨이었단다. 그러던 중 4.19 혁명이 일어났고, 민주화를 외치던
대학생들의 시위 속에서 아주머니의 남동생은 경찰의 총탄에
목숨을 잃었단다. 아주머니는 그 충격으로 실성할 정도였단다.
힘든 시간을 보냈단다. 결국 모든 것을 정리한 뒤 충주로 내려가
양장점을 운영하며 겨우 삶을 이어갔단다.

그 이야기를 들으며 나는 아무 말도 할 수 없었다. 어설픈
위로보다는 조용히 듣는 것이 낫겠다고 생각했기 때문이다. 그날의
대화는 나에게 깊은 울림을 남겼다. 그 시절의 고통이 단순한
역사가 아니라 누군가의 삶 속에서 얼마나 생생한 무게로
존재하는지 깨닫게 되었기 때문이다.

그날 아주머니는 봄 햇살 아래에서 자신의 아픔을 나에게 이야기해
주었는데 아마도 내가 그 시절의 동생과 비슷한 나이대의

대학생이었기 때문일 것이었다. 나를 보고 동생을 떠올렸다고
생각하니 더욱 마음이 무거웠다.

아주머니 이야기를 들은 뒤로 나는 사람을 쉽게 판단하지 않게
되었다. 누구나 겉으로 드러나지 않는 사연과 아픔을 가지고
살아가고 있다는 것을 알게 되었기 때문이다. 역사는 종종 우리
삶의 바깥에서 일어난 거대한 사건처럼 느껴지지만 결국 그것은
우리 주변 누군가의 이야기다. 아주머니의 이야기 덕분에 나는
역사를 바라보는 시선이 바뀌었다. 책 속의 사건으로만 배우던
6.25 전쟁이며 4.19 혁명이 아주머니의 삶에서 어떤 상처와
흔적으로 남았는지 알게 되었을 때, 역사가 얼마나 개인적인
것인지 비로소 알게 되었다.

그날의 이야기는 단순한 추억이 아니라 사람을 존중하고 역사를
이해하는 데 있어 중요한 교훈이 되었다. 우리는 누구나 자신만의
이야기를 가지고 살아간다. 그리고 그 이야기 속에는 역사가
고스란히 살아 숨 쉬고 있다. 내가 그날 아무런 말을 하지 않았던
것처럼 때로는 경청하는 것만으로도 충분하겠다. 그들의 이야기를
듣는 것이 역사를 배우는 또 다른 방식 아닐까.

눈을 감으면

나는 제대한 뒤에 군대에서 다쳤던 허리를 치료하기 위해 아는
사람의 소개로 강원도 홍천군에 있는 침술원에 입원해서 한 달간
치료를 받았다. 침술원 원장은 나이가 60대로 맹인이었다. 부인은
원장보다 연하였는데 장애인이 아닌 일반인이었고 미인이었다.
당시 현역 국회의원의 동생이라고 들었다. 내가 생각하는
기준으로는 일반적이지 않았다. 원장 부인이 해 주는 밥을 먹으며
치료를 받는 동안 나는 원장에 대해서 조금씩 알게 되었다. 원장은
꽤나 남다른 사람이었다.

원장은 선천적으로 시력 장애를 갖고 태어난 맹인이었단다. 어려서
겪은 일 중에 가장 큰 충격은, 다른 사람들은 자신보다 먼저 가서
만져 보지 않아도 그 쪽에 무엇이 있는지 아는 것이었단다. 어릴 적
어느 날, 위쪽에 있는 무언가가 필요해서 기어가고 있는데
아래쪽에 있던 이가 위에 물그릇이 있으니 조심하라고 알려
주더란다. 자신보다 먼저 가 보지도 않고 어떻게 자신보다
아래쪽에 있는 사람이 그것을 알 수 있는지 의아했단다. 원장은
그때 자신이 다르다는 것을 알게 되었단다. 그때까지는 다른
사람들도 자신처럼 일일이 만져 봐야 알 수 있다고 생각했으니까.

장애인이 자신이 남과 다르다는 것을 알게 되었을 때 어떤

심정일까. 원장의 이야기가 여러 가지 의미로 들렸다. 그럴 수가 있겠구나 하는 생각이 오히려 정상적이라는 것을 다르게 생각하게 했다. 원장처럼 60년이라는 시간이 지나 장애를 극복하고 나서야 할 수 있는 말이라는 것도 알게 되었다. 나는 그 뒤로 어떠한 사회 현상이라도 내가 보는 단면만을 보고 믿고 판단하지 않으려고 노력하게 되었다.

원장은 시각 장애인을 위한 국가 정책의 일환으로 침술을 배워 일찍 성공했는데 어느 순간 잘못해서 망하게 되었단다. 우리나라는 시각 장애인들에게만 생계의 수단으로 침술과 마사지 영업이 허용된다. 재기를 위해서는 자금이 필요했고 서울 마장동에 있는 지인에게 도움을 받고자 홍천에서부터 어렵게 찾아갔단다. 돈을 빌려서는 제일 먼저 한 일이 있단다. 원장은 이야기하며 뜸들이는 수완도 있었다. 그러면 그게 궁금해서 더 집중하게 되니까. 나는 궁금해서 더욱 눈이 말똥말똥해졌다.

제일 먼저 한 일이 갈비집에 가서 기력을 보충하는 것이었단다. 돼지갈비 6인분을 먹었단다. 그 추운 겨울에 사업이 망해서 부실하게 먹은 탓에 몸이 많이 축나서 그랬단다. 서울까지 돈을 빌리러 갔는데 일단 몸부터 챙겨야겠다는 생각만 들더란다. 사업을 제대로 하자면 자신의 몸이 건강해야 했으니까. 원장은 키가 160센티미터 정도밖에 안 되는데 강단이 있어서 시멘트 네 포대까지 등에 진적이 있단다. 시멘트 한 포대가 40킬로그램이니 네 포대면 160킬로그램이나 된다. 웬만한 사람도 지기 힘든 무게다. 한 포대라도 잘 들면 다행 아닐까. 원장은 시멘트 네 포대를 한 번 등에 지고 나서 가랑이가 아파 며칠을 꼼짝도 못했단다.

시각 장애인의 몸으로 강원도 홍천에서 서울까지 100킬로미터나 되는 먼 길을 걸어가서 자금을 빌려 온 것도 대단한데 그 돈으로 먼저 돼지갈비를 6인분이나 먹으며 기력을 보충했다는 게 더 대단하다고 생각했다. 일에는 분명히 앞뒤가 있지 않은가. 덕분에 재기에 성공해서 가정을 이루고 몸이 아픈 환자를 돌볼 수 있게 되지 않았을까. 모름지기 저 정도의 강단은 있어야 하지 않느냐고 나는 생각하게 되었다. 실제로 나에게는 살면서 여러 차례 어려움이 있었는데 그때마다 책에 나오는 말은 잘 생각나지 않아도 이 이야기는 선명하게 떠올랐다. 덕분에 내 삶의 여러 고비에서 희망을 잃지 않을 수 있었다.

가수 이용복은 시각 장애인이다. 선천적인 장애가 아니라 어린 시절 사고로 시각을 잃었다. 이용복이 1972년에 부른 〈그 얼굴에 햇살을〉이라는 노래가 있다. 제목에서부터 얼굴과 햇살이라는 시각적인 표현이 나오고 노래 가사도 그렇다. '눈을 감으면 저 멀리서 다가오는 다정한 그림자'라든지 '무지개 타고 오네'라든지

시각적인 표현이 생생하다. 그런 이미지를 무엇보다도 아련하게
하는 것은 '눈을 감으면'이라는 가사다. 게다가 노래 부르는
사람이 시각 장애인이라니. 시각 장애인은 눈을 감고 있다. 눈을
뜨고 있다가 감지 않는다. 그런데 마치 보고 있다가 눈을 감은 듯이
표현을 하는 것이다. 누가 작사를 했든 간에 이용복은 이 내용을
받아들여 노래했다. 자신의 가장 큰 장점인 호소력 있는 목소리로.

눈을 감으면 저 멀리서 다가오는 다정한 그림자
옛 얘기도 잊었다 하자 약속의 말씀도 잊었다 하자
그러나 눈 감으면 잊지 못할 그 사람은
저 멀리 저 멀리서 무지개 타고 오네

절대로 창피한 일 아니다

군대에 있을 때였다. 그날이 토요일이었는데 대대에서 군무 경연
대회가 있었다. 대대는 보통 400명 정도나 된다. 군무는 경쾌한
음악에 맞춰 몸을 움직이는 에어로빅과 같다. 군복을 입고 군화를
신고 군인들이 하는 것뿐이다. 내가 아는 군무는 이런 것인데 혹시
'무리 지어 추는 춤'이라고 해서 군무(群舞)라고 할 수도 있겠다.
참가팀은 12팀. 각 팀은 소대별로 10명이었다. 대개 병장과 하사 등
고참은 참가하지 않고 15개월 이하의 병사들이 참가했다. 군기가
바짝 든 병사들이라 얼마나 절도가 있었을까.

12팀의 경연이 다 끝나고 심사가 진행 중이었는데 1중대장이
심심했는지 마이크를 잡고는 각 소대 병장과 하사 들 앞으로
나오라고 지시했다. 뒤에 앉아서 경연을 지켜보던 병장과 하사
들이 마지못해 어슬렁거리며 앞으로 나갔다. 군기라고는 찾아볼
수가 없을 정도로 엉성했다. 중대장이 연병장 뒤쪽의 면회객들을
향해 안내 멘트를 했다. 병장과 하사 들이 특별 공연을 하겠다고.
그리고는 곧바로 정수라의 노래 〈아, 대한민국〉이 스피커를 타고
흘러나왔다.

병장과 하사 들은 아무런 불평도 없이 웃으면서 군무를 추었다.
시미치미를 뚝 떼고 잘하는 것처럼. 앞에서 경연을 펼친 병사들과

다르게 엉성했고, 왼쪽으로 가는 병사며 오른쪽으로 가는 병사
들이 어수선해서 그야말로 코미디가 따로 없었다. 소대에서 군무를
시연할 때 보기만 했지 전혀 숙달이 되지 않은 것이다. 면회객들은
여간해서는 볼 수 없는 특별 공연에 그만 웃음을 터뜨리며 난리가
났다. 이것이 여러 사람이 즐길 수 있는 포인트였다. 잘하는 것은
잘하는 대로 보기 좋고, 엉성한 것은 엉성한 대로 즐거움을 주는
것이다. 아쉽게도 당시 난 전역을 앞두고 있던 병장이어서
사람들에게 웃음을 준 특별 공연 팀이었다.

산다는 게 다 그렇다. 처음부터 잘하는 사람은 없다. 다들 미숙한
때가 있는 것이다. 그런 미숙함이 사람들 마음을 움직이는 것은
친숙함일 것이다. 잘하는 이들의 경지에 이른 그 기술은 누구도
범접하기 힘든 영역이지만 아무래도 엉성하고 미숙한 행동은
사람들 마음을 열고 용기도 북돋운다. 그런 웃음이 얼마나
건강한가. 절대로 창피한 일 아니다.

그 시절 편지들은 글자보다 더 큰 의미를 담고 있었다

1970년대 후반, 가요계에는 큰 변화의 물결이 일고 있었다. 이미자,
최희준이 대표하던 시대를 지나 조용필, 혜은이, 이은하 같은
새로운 감성의 가수들이 등장했고, 대학가요제의 열풍은 젊은
세대의 감수성을 무대 위로 불러 올렸다.

1983년 연말 가요제 시상식에서 10대 가수로 선정되어 〈백지로
보낸 편지〉를 부르던 가수 김태정의 모습은 아직도 선명하다. 당시
고등학생이던 나는, 사실 노래보다는 20대 초반의 단아한 미모에
먼저 시선을 빼앗겼다. 그러나 세월이 흐른 뒤, 내 기억 속에 더욱
또렷이 남은 것은 노래를 부르던 그의 절절한 음색이었다.
노랫말은 또 얼마나 절절한지. 정녕 그런 편지를 받아 본 적
있을까. 그런 편지를 보내 본 적 있을까.

나는 중고등학교 시절 6년 동안 펜팔을 했다. 중학교 1학년 때 친척
집에서 우연히 만난 누나와 3년간 편지를 주고받았다. 그 뒤로는
그 누나의 동생과 대학 1학년 때까지 4년간 편지를 주고받았다.
당시만 해도 편지는 매우 중요한 소통 수단이었다. 거리마다
빨간색 우체통이 있었고, 매일매일 우체부는 우체통에 쌓인 편지를
날랐다. 편지가 얼마나 대단했는지 당시 학생들이며 청년들 사이에
일어난 펜팔 붐은 정체 모를 주소록까지 나돌게 할 정도였다.

얼굴도 모르고 아무것도 모르는 사이가 편지 한 장으로 인연이
되는 기적이 흔했다. 그런 시대여서 나 역시 펜팔에 진심이었다.
고등학교 2학년 때는 친구의 소개로 얼굴도 모르는 여자 펜팔
친구가 생겨 2년간 편지를 주고받기도 했다.

지금 생각해 보면 그 시간은 참으로 고맙고 소중했다. 편지를 통해
나의 마음을 말했고 스스로를 다듬었으며 때로는 나조차 몰랐던
감정들을 발견하기도 했다. 사연이 많아 글로 다 담지 못해도
괜찮다고, 그저 마음만 담겨 있어도 된다고 하던 그 시절 편지들은
글자보다 더 큰 의미를 담고 있었다. '글'이 아닌 '마음'이라서
지울 수도 없고 끝낼 수도 없는 게 편지였다.

그래서일까. 김태정이 부른 〈백지로 보낸 편지〉는 단지 남녀 간의
사랑을 넘어서 내 마음속 오래된 편지들과 겹쳐진다. 우정이었을
수도, 사랑이었을 수도 있는 그 마음들이 얼마나 소중한지. 어떤
감정은 무어라 이름 붙이지 않아도 그 자체로도 충분하다는 것을
그 시절의 편지들은 알려 준다.

　언제라도 생각이
　생각이 나거든
　그 많은 그리움을
　편지로 쓰세요

사연이 너무 많아
쓸 수가 없으면
백지라도 고이 접어
보내 주세요

조금은 단단한 걸음으로 걸어가야지

1984년 어느 날, 나는 겨울방학인데도 고등학교 3학년을 앞두고 있어서 학교에서 자율 학습을 하고 있었다. 한 10시쯤 되었을까. 갑자기 교실이 시끄러워졌다. 마치 시장 바닥 같았다. 누군가 복도를 지나다가 문을 열고 우리 교실 안을 흘깃 보더니 문을 닫았는데 곧 다시 문이 열리더니 선글라스 낀 남자가 쓱 들어왔다. 20대 후반쯤 돼 보이는 그 남자는 자연스럽게 교단에 서더니 자신을 1회 졸업생이라고 소개했다. 1회 졸업생이면 자그마치 8년이나 선배였다.

"일이 있어 학교에 들렀다가 여러분을 보고 한심해서 한마디해 주고 가려고 들어왔다."

그는 공군 사관 학교를 졸업하고 대위로 근무 중이란다. 그래서였을까. 선글라스가 괜히 더 멋져 보였다. 청바지에 점퍼 차림의 날렵한 모습도 꽤 인상적이었다. 무엇보다 당당한 모습이 좋았다. 그렇게 시작된 선배의 이야기는 1시간 가까이 이어졌다. 학교 개교 초기 어중이떠중이들이 모여 싸움이나 하고 학교 분위기를 흐리던 시절에 자신이 나서서 상황을 정리하고 학교다운 학교로 만들었다는 무용담이었다. 그 이야기가 다 끝날 때쯤 그 선배는 칠판에 조용히 시를 적었다.

눈 내린 들판을 걸어 갈 때에는 (踏雪野中去)
모름지기 그 발걸음을 어지러이 말라 (不須胡亂行)
오늘 걷는 나의 발자국은 (今日我行跡)
반드시 뒷사람의 길잡이가 될 것이니 (遂作後人程)

서산대사(1520-1604)의 선시 〈답설(踏雪)〉이었다. 그 시에는
선배가 하고자 했던 모든 이야기가 담겨 있었다. 다음 세대를 위해
모범을 보이라는 말이자, 자신의 전철을 밟지 말라는 충고였다.

그날 이후, 우리들 사이에서 그 선배 이야기를 대놓고 꺼내는 일은
없었지만 교실 분위기는 분명히 달라졌다. 이름조차 기억나지 않는
선배였지만 그는 우리 모두에게 하나의 이정표 같은 말을 남기고
갔다.

시간이 지나고 보니, 그 선배가 해 준 말은 단지 훈계나 순간의
조언이 아니었다. 그 말은 내 삶에 조용히 자리잡아 중요한 선택의
순간마다 은근히 울림을 주었다. 그래서일까. 나도 후배나
아이들에게 말을 할 때면 그날의 그 선배처럼 단호하지만 진심을
담으려고 애쓴다. 내가 걷는 길이 누군가에게 참고가 된다는 것을
안다면 걸음이 달라질 수밖에 없으니까.

시골 학교의 침침한 교실에서 들은 그 선배의 말은 지금도 내 안에

머물고 있다. 내 발자국도 누군가의 길잡이가 되겠지. 그때의 굳은 다짐도 여전히 내 안에 머물고 있다. 어지럽지 않아 쉽게 따를 수 있는 그러나 조금은 단단한 걸음으로 걸어가야지.

내가 베꼈다는 글은 도대체 누가 쓴 글일까

1983년 어느 날, 고등학교 2학년이던 내게 한 방송반 친구가
귀띔해 주었다. 내게 좋은 일이 있을 거라고. 아침에 선생들이 나눈
이야기를 엿듣고 전하는 것이었다. 세상이 멈춘 듯했다. 별 기대도
안 했는데 수학여행 다녀와서 제출한 내 기행문이 상을 받는다니.
학년 별로 1명씩 선정된 모양이었다.

얼마 뒤, 1학년 국어 선생이 잠깐 보자고 해서 복도로 나갔다.
선생은 조심스럽게 내게 물었다.

"이번에 제출한 기행문 네가 쓴 거니?"
"네, 선생님."
"다른 것 베낀 적도 없고?"
"네, 제가 혼자 썼어요."

이게 뭐지. 기분이 이상했다. 내가 의심을 받고 있는 것인가.
나중에 듣게 된 결과는 참혹했다. 정말 세상이 멈춘 듯했다. 내가
제출한 기행문은 심사에서 제외되었단다. 표절이 의심되는 데다
고등학교 2학년이 쓸 수 있는 글이 아니라는 의견이 있었단다.
2학년과 3학년 국어 선생들이 의심하는 입장이었고, 1학년 국어
선생은 아닐 수도 있지 않냐고 만류하는 입장이었단다. 그래서

나에게 그렇게 물어봤던 거구나. 하마터면 1학년 국어 선생을 오해할 뻔했다. 그나저나 무슨 증거로 표절을 의심했을까. 내가 베꼈다는 글은 도대체 누가 쓴 글일까. 어떤 글일까.

난 고등학교 시절에 국어 과목을 꽤나 좋아했다. 국어 시험을 보면 최고점은 늘 내 차지였다. 친구들도 내가 국문학과에 갈 줄 알았을 정도였다. 그날 그 일이 없었다면 정녕 그렇게 되었을지도 모른다 표절 논란이 있은 뒤로 글쓰기에 대한 관심이 싹 사라졌다. 트라우마도 남았다. 40년 동안이나 글쓰기를 주저했으니.

지금 생각해도 그때는 참 중요했던 시기였다. 과장하자면 한 사람의 인생이 바뀌는 순간이었다. 그때 선생들이 좀 더 신중하고 절제도 할 줄 알았다면 어떠했을까. 명확한 근거도 없는 사소한 의심이나 판단 하나가 자신들도 모르게 누군가의 가능성을 꺾고 희망도 깨뜨리고 심지어 인생을 바꿀 수도 있다는 것을 어찌 몰랐을까. 만약에 그때 내가 글쓰기를 계속했으면 어떻게 되었을까. 사람의 일은 모른다지만 여전히 아쉬움은 크게 남아 있다.

우리는 살다 보면 '약간의 틀어짐'을 경험하게 된다. 선택의 순간에서 특히 그렇다. 자신이 선택한 길이 아무리 막히고 험하더라도 무사히 목적지에 닿으면 그만일 테지만 시간을

허비하거나 능력을 허비하면 아무래도 후회는 남는다. 약간의
틀어짐 그 선택의 순간에는 아예 목적지를 바꾸기도 한다. 세상이
달라지고 인생이 달라지는 일이다. 그것이 전화위복이 되기도
하지만 그렇지 않은 경우도 많다. 약간 틀어지는 순간에는
그야말로 삶의 지혜와 용기가 필요한데 그게 그렇게 부족하기만
하다. 그래서일까. 칭찬과 응원이 더 절실해진다. 오죽하면 칭찬에
고래도 춤을 다 출까.

기회는 멀어지고, 가능성은 조용히 접히는 그때 누군가 나를 믿고
응원하는 한마디만 해 줬더라면 어땠을까. 우리는 그렇게 작은
믿음 하나로 누군가에게 든든한 길을 열어줄 수 있다.

그때 나는 왜 그랬을까

중학교 3학년이던 1981년 초겨울 무렵 어느 날, 시제를 지낸다고
해서 토요일에 큰집에 갔다. 우리집은 여주 시내에 있었고 큰집은
버스로 30분은 가야 하는 면 지역의 시골이었다. 다들 시제 준비를
하느라 바빴는데 나는 딱히 할 일이 없었다. 두 살 위인 사촌형은
어디로 샜는지 학교가 끝난 지 한참인데 귀가하지 않았다. 큰집
동네에는 또래 친구들이 두 명 있었고, 옆 동네 강가 마을에 세
명이 더 있었다. 저녁을 일찍 먹고 나니까 더 심심했다. 마침
기종이라는 친구가 와서 옆 동네 애들하고 강 건너가서 여학생들과
미팅을 하자고 했다. 솔깃했다. 집에서 큰집으로 출발할 때는 그리
춥지 않아서 티셔츠에 가디건 하나 걸치고 있었는데 그곳의 저녁은
추워서 사촌형이 걸어둔 겨울 점퍼를 입고 따라나섰다. 두툼한
점퍼였다.

친구 둘과 마을 끝 산모퉁이를 지나 옆 동네로 가니까 벌써들 모여
있었다. 그 중 한 친구가 이장집에 가서 강 건너 여학생들과 계속
연락을 주고받았다. 당시에는 시골 동네에 전화기가 한 대씩 밖에
없었다. 그것도 거동이 수상한 자를 신고하라고 행정 기관에서
이장집에 설치한 비상 연락용 전화기였다. 우리들은 한집에 모여
대기하고 있고, 한 친구가 이장집 문 앞에서 기다리다가 이장
부인이 나와 전화 왔다고 알려 주면 들어가서 통화하는 식이었다.

여학생 쪽에서 올 전화를 기다리는 차례였다. 기다리는 시간이 좀 길어지길래 나는 그만 큰집으로 돌아가야겠다고 일어섰다. 왠지 썩 내키지가 않았다. 그러자 같이 온 두 친구는 만류하기는 커녕 자기네들끼리 강 건너가서 놀다 오겠다며 세게 나왔다. 깜깜한 시골길, 그것도 개울 건너 산모퉁이를 돌아가야 하는데 혼자서 돌아갈 엄두도 안 나고 해서 나는 못 이기는 척 다시 주저앉았다. 그러는 사이 모든 통화가 끝나고 마침내 강을 건너가기로 결정이 되었다.

강가로 가니 조그마한 고깃배가 한 척 있었다. 날이 얼마나 추운지 강가에는 살얼음이 얼어 있었다. 친구 둘이 난방용으로 태울 폐타이어 두 개를 싣고 먼저 건너가기로 했다. 강을 건너가서 한 친구를 내려놓고 다시 우리를 태우러 오겠다는 것이었다. 그렇게 기다리는데 친구 하나가 추운지 바들바들 떨었다. 나는 많이 춥냐고 물으며 입고 있던 점퍼를 그 친구에게 벗어 주었다. 조금 있으니 다른 친구가 발이 시렵다고 난리였다. 아까 물가에서 배를 대다가 발이 물에 빠진 모양이었다. 이번에는 신고 있던 운동화를 그 친구에게 벗어 주었다. 그렇게 나는 티셔츠에 가디건 하나 걸치고 양말만 신은 채로 서 있게 되었다.

추위를 이기며 기다리던 다섯 명은 배가 와서 줄줄이 올라타고 출발했다. 사람이 많이 타서 그런지 배에 물이 찰랑거리는데 한

뺨이 채 되지 않았다. 게다가 노를 젓던 친구가 손이 시려워서인지 노를 놓쳐 떠내려가 버렸다. 급한 대로 배에 있던 판자로 대신 저었는데 노가 아니다 보니 균형이 맞지 않아 배가 흔들리더니 가라앉기 시작했다. 배에 앉은 채로 있다가 순식간에 가슴까지 물에 잠겼다. 돌아보니 친구들은 벌써 헤엄치고 있었다. 난감했다 나는 수영을 못했다. 겨우 낮은 개울에서 땅 짚고 헤엄치는 수준이었다.

겨우 물에 떠 있는 나에게 친구 하나가 헤엄쳐 오더니 헤엄쳐서 건너까지 갈 수 있겠냐고 물었다. 건너편을 바라보니 캄캄해서 얼마를 가야 하는지 가늠할 수 없었다. 그 순간 텔레비전 메인 뉴스 시작할 때 타다다닥거리며 신문이 인쇄되어 나오는 장면이 스쳐 지나갔다. 그야말로 뉴스에 나올 일이었다. 여기서 살아야 할 것인데 살더라도 쪽팔려서 죽을 것 같았다. 어떻게 감당해야 하나 앞이 캄캄했다.

친구에게 수영을 못해서 자신이 없다고 사실대로 말했다. 그랬더니 그 친구가 물이 차 있는 배를 가르키며 배를 잡고 나가자고 했다. 다행이 배가 뒤집히지는 않고 물이 차 있는 상태로 옆에 있었다. 다들 배 양쪽을 나누어 잡고 남은 한 손으로 물을 저어 앞으로 나아갔다. 친구에게 그냥 돌아가는 게 어떠냐고 물으니 건너온 게 많아서 그냥 가는 게 낫다고 했다. 그러다가 한 친구가 보이지 않는 것을 알았다. 큰일이었다. 어디 갔을까.

그 친구는 유유히 헤엄쳐서 상당히 앞서가고 있었다. 다행이었다.
마음속으로는 의리 없는 놈이라고 한소리하기도 했다. 결국 나만
수영을 못하는 상황이었다. 그때였다. 내가 벗어 준 점퍼를 입은
친구가 점퍼를 벗으려고 안간힘을 썼다. 두툼한 겨울 점퍼가 물을
잔뜩 먹어 무거운지 자꾸 가라앉는다고 죽는 소리를 했다. 옆에
있던 친구가 도와줘서 겨우 벗고서야 다행히 조용해졌다. 나도
다행인 게 수영은 못하지만 물에 빠질 때 물을 먹지 않아서 이만한
것 같았다.

사실 우리는 배를 잡고 나아가는 게 아니라 그냥 떠내려가고
있었다. 그렇게 한참을 가서 겨우 강가에 닿았다. 한참을
떠내려왔으니 먼저 도착한 친구 있는 데로 가야 하는데 젖은 옷을
입은 채로 가는 게 죽을 맛이었다. 발이 얼어서 자갈을 밟을 때마다
아팠다. 다들 같은 처지라서 불평도 못했다. 다행히 다치거나 죽는
일 없이 친구들이 다 한데 모였다. 만약에 죽은 놈이 있었다면
나였을 것이었다.

그 자리에는 미팅하기로 했던 여학생들도 몇 명 나와 있었다. 물에
빠진 생쥐 꼴이 된 우리를 본 여학생들은 어떤 심정이었을까.
그래도 밤 늦게까지 놀 생각이었으니 불을 피웠다. 그 김에

떠들면서 서로를 탐색하기 시작했다. 방금 전 생사를 오간 사고는 이미 뒷전이었다. 여학생들은 밤늦게까지 놀다가 집으로 돌아갔다. 오도 가도 못하는 신세인 우리는 그곳에서 옷을 말리고 쪽잠을 잤다. 나는 날이 밝으면 버스를 타고 여주 집으로 돌아갈 생각이었다. 쪽팔려서 큰집에는 못 갈 처지였다.

다음 날 아침 8시쯤, 친구들과 버스 정류장으로 갔다. 교회에 가려고 나섰는지 중학교 친구들 몇이 버스를 기다리고 있었다. 나를 보더니 인사 대신 웬일이냐며 질문을 던지는데 할 말이 없었다. 어젯밤 일이 벌써 소문이 난 모양이었다. 아, 쪽팔려. 버스를 타고 여주에 도착한 뒤 친구들은 환승해서 집으로 돌아갔다. 나는 그 뒤로 몇 년간 큰집 동네에 가지 못했다. 진짜 쪽팔려서 못갔다. 그게 동네에 파다하게 소문이 났는데 어떻게 가냐고.

나는 춥다고 하는 친구에게 점퍼도 벗어 주고, 발이 젖은 친구에게 운동화도 벗어 주었다. 그때 나는 왜 그랬을까. 만약에 점퍼를 입은 채로, 운동화를 신은 채로 물에 빠졌다면 수영도 못하는 나는 물에 가라앉고 말았을 것이다. 살아 나오지 못했을 것이다. 살려고 그랬던 것 같다. 모두 다 벗어 주어서 살게 된 것이다.

자신을 구해야 할 사람은 자신뿐이다

국민학교 5학년에 올라가서는 4학년 때 친했던 친구들과 반이
달라져서 한동안 하교할 때 혼자 집에 왔다. 학교에서 집까지의
거리라고 해야 5분 이내로 가까웠는데 그 짧은 하굣길에 나를
괴롭히는 애들이 있었다. 시장에 있는 우리집을 지나 30분 넘게 더
가야 하는 시골 마을에 사는 애 둘이었다. 학교 정문을 나서는
순간부터 계속해서 가방을 툭툭 치면서 지분거렸다. 내가 짜증을
내면 놀리면서 피했다가 다시 그러기를 반복했다. 난 생일이
늦어서 그런지 또래 애들보다 덩치가 작은 편이었다. 만만해
보여서 그러나 하는 생각이 들었다.

애들이 괴롭힌 지 두 달이 지나갈 때쯤 되니까 더 이상 가만히
있어서는 안 되겠다는 생각이 들었다. 혼자 있을 때나 특히 자려고
누웠을 때 내일 또 그러면 어떻게 해야 할지를 계속 궁리했다.
학교에서 집으로 가다 보면 공중화장실을 지나야 했다. 거기서
우리집이 보이면 그 애들은 다른 길로 빠져서 자기네 집으로 갔다.
우리집을 우회하는 것이었다. 공중화장실 있는 곳까지 오면 길에
있는 돌을 들어 얼굴을 내리찍어야지. 그렇게 마음먹었다. 두 놈을
힘으로 이길 수는 없었다.

막상 공중화장실 있는 데까지 오면 마음먹은 대로 실행하지

못했다. 가슴만 두근거리고 숨만 찼다. 생각은 생각일 뿐이었다. 실행하자면 얼마나 독하게 마음먹어야 하는 걸까. 며칠이 그냥 지나갔다.

그러던 어느 날, 여느 날과 마찬가지로 그 애들은 하굣길에 나를 계속 괴롭혔다. 공중화장실까지 왔을 때, 화가 나서 아무 생각도 나지 않았다. 순식간이었다. 나는 내가 계속 머릿속에 그리던 대로 땅에 있는 돌을 집어 들고 돌아서면서 얼굴을 향해 내리찍었다. 그 순간 모든 것이 멈춘 것 같았다. 그 애가 용케 피하는 바람에 가방을 멘 어깨끈이 대신 찍혔다. 다행히 얼굴은 다치지 않았는데 그 애들은 놀랐는지 벌써 저만치 도망가고 있었다.

다음 날도 같은 시간에 학교 정문을 나서는데 그 애들이 멀찍이서 따라왔다. 같은 방향이니 뒤에 따라오는 것은 뭐라 하지 않을 생각이었다. 둘이서 다시 나를 괴롭히면 바로 응징하면 되니까.

그런 일이 있은 뒤로 그 애들은 국민학교는 물론 중학교를 졸업할 때까지 나를 건드리지 않았다. 나를 건들면 어떤 식의 대응이 오는지를 확실하게 안 모양이었다. 어린 내가 몇 달을 고민하고 고민해서 마련한 대책이 아무 사고도 없이 통한 것이었다. 스스로 얼마나 뿌듯했는지.

나는 이것을 '극복'이라고 본다. 괴롭힘에서 벗어나고자 고민을 했고 결국에는 해결을 했다. 선생이나 부모에게 알리고 도움을 받을 수도 있었겠지만 내가 선택한 방식대로 스스로 나를 구제했다. 다소 거칠고 폭력적인 방법이었지만 때로는 그것이 효과적일 수도 있다. 만일 그때 나약하게 굴었다면 나는 마음까지 병들어 황폐해졌을 것이다. 한편 그 애들은 계속 약자를 괴롭히는 나쁜 사람으로 성장했을 것이다. 그런 면에서 보자면 내가 그 애들을 선도한 것이기도 하다. 그러므로 결코 후회할 일 아니다. 다치거나 하는 사고도 없었으니. 사람들이 막살지 않는 이유는 자신의 소중한 삶을 한 번의 잘못된 선택으로 망치기 싫어서다. 결코 약하거나 못나서 참는 것이 아니다. 자신을 구해야 할 사람은 자신뿐이다.

고등학교 때 친했던 친구가 어른이 되어서 들려 준 소싯적 이야기가 생각난다. 그 친구가 중학교 1학년때였단다. 같은 반 친구가 괴롭히길래 교실에서 바로 응징했단다. 볼펜으로 어떻게 했다나.

집 나가면 고생인데

열한 살, 국민학교 4학년 때는 참 일도 많았다. 그때는 몸도 마음도
다 어렸다. 그래도 나는 남자였다. 자전거를 배우다가 핸들에 이가
부딪쳐 앞니 하나가 부러지고 말았다. 많이 놀라고 아팠는데도
씩씩하고 용감하게 자전거를 배웠다. 나는 남자니까. 자전거를 좀
타게 되었을 때 개울가 제방도로에서 내리 달리다가 자빠졌다.
다리가 다 까져서 고생했다. 나중에는 염증을 제거하는 수술까지
받았다. 그래도 나는 의젓했다. 나는 남자니까.

어느 날, 등교하면서 어머니에게 용돈을 달라고 조르다가 결국 안
주길래 화가 나서 학교에 가지 않고 머뭇거리며 동네 가게 앞에
있는 빈 사과상자를 발로 톡톡 차고 있었다. 어머니가 그 꼴을 보고
화가 나서 뛰어나오길래 화들짝 놀라서 뒤도 안 보고 학교로
달렸다. 결국에는 학교 정문 앞에서 잡혀 가지고 집으로 끌려와
싹싹 빌고 겨우 다시 학교에 갔다. 집에서 학교까지는 고작
400미터 남짓한 거리였는데 남자인 내가 어머니와의 달리기에서
졌던 것이다. 민망하게도.

그날도 아침에 등교할 때, 이번에는 아버지에게 용돈 50원을
달라고 졸랐다. 결국 안 주길래 순간 욱하는 마음에 학교에 가다
말고 개울가로 방향을 틀었다. 가출이었다. 흔히 하는 이야기로

시골에서 등교하다 동네 아이들과 어울려 노느라 지각하거나 하루 땡땡이나 친 정도라고 생각하면 오산이다. 분명하게 가출한 것이 맞다. 반항의 표시로. 땡땡이는 꾀를 부려 해야 할 일을 하지 않고 잠시 이탈하는 것이고 그러다가 집으로 돌아가지만 가출은 아예 집으로 돌아가지 않을 생각으로 시작한다.

여주는 강가가 넓고 좋은데 굳이 개울가로 간 것은 내가 다니는 국민학교가 강가에 있기 때문이었다. 들키지 않으려고 반대 방향인 개울가로 간 것이다. 나의 가출은 그렇게 용의주도했다. 제방 풀밭에 가방을 베고 누웠는데 빨래를 하러 나온 아주머니들끼리 수군거리는 소리가 들렸다. 아마도 내 이야기를 하는 것 같았다. 그러거나 말거나 될 대로 되라고 드러누워 점심도 거르고 있는데 한시가 지났을 때부터인가 비가 오기 시작했다. 어휴, 갈 데도 없는데 비까지 오다니. 친구들도 학교가 끝나야지 만날 수 있을 것이어서 이러쿵저러쿵 궁리하다가 집 뒤에 있는 만화방이 생각났다. 가진 돈은 없었지만 다행히 먼젓번에 보다가 시간이 늦어서 두고 온 것이 있었다. 그 시절 만화방에도 키핑(keeping)이라는 문화가 있었다.

만화방에 가서 주인아저씨에게 먼저 보던 것 좀 보겠다고 했더니 흔쾌히 받아 주었다. 내가 평소에 단골이어서 다른 말은 안 하는 것 같았다. 만화방 시계는 참 부지런했다. 어물어물하다 보니 금방 문닫을 시간이 되어서 만화방을 나와야 했다. 저녁 7시쯤이었다. 만화방은 집에서 30미터도 안 되는 거리여서 이제 나가면 바로 집으로 가야 하는데 도저히 집으로 갈 엄두가 나지 않았다. 게다가 내일 학교에 가게 되면 뭐라고 둘러대야 할지 걱정이 태산이었다. 머뭇거리며 집 앞에 가니 아버지가 밖에 나와 있는 게 아닌가. 그단 아버지와 눈이 마주치고 말았다. 나는 아무 말도 못하고 아버지를 따라 집으로 들어갔다. 아버지는 조심스럽게 딱 한마디만 했다. 앞으로는 그러지 말라고.

아침에 학교에서 반장하고 애들이 내가 학교에 오지 않았다고 집까지 찾으러 왔었단다. 아버지는 내가 걱정되어서 여주 시내를 다 찾아다녔단다. 얼마나 황당했을까. 크게 뭐라고 한 것도 없는데 갑자기 학교도 가지 않고 다른 곳으로 새 버렸으니. 걱정이 얼마나 컸는지 크게 혼내지도 않았다. 아무튼 나의 가출은 그렇게 조용하게 끝났다. 그 뒤로 나는 무슨 일이 있어도 가출하는 일은 없었다. 다들 그러듯이 집 나가면 고생이라는 것을 알게 된 것이다. 집 나가면 춥고 배고프다. 집에서 나갈 때 아무리 날씨가 좋았더라도 심술궂은 하늘은 비라도 내려 춥고 오갈 데 없게 만든다. 이것이 내 나이 열한 살에 깨달은 삶의 진리다.

중학교 1학년 때, 두 살 위인 사촌형이 서울로 가출했다는 소식을 들었다. 안타까운 마음이 들었다. 집 나가면 고생인데.

엄마의 심부름

국민학교 3학년이 되고 얼마 되지 않았을 때였다. 학교에 갔다
오니까 엄마가 나를 앉혀 놓고 한참을 이야기했다.

"아들, 할아버지네 가서 할아버지 모시고 와. 아빠가 일은 하지
않고 매일같이 나가서 밤새고 들어오니 엄마가 같이 못 살겠다고
하더라고 말씀드려."

그때 내 나이가 열 살이었는데 생일이 12월이어서 고작 아홉
살이나 마찬가지였다. 그런 아들을 붙잡고 엄마가 시키는 심부름이
할아버지를 모시고 오라는 것이었다. 그때까지 나는 혼자서 버스를
타고 멀리 나선 적이 없었다. 그런 나에게 멀리 시골 할아버지 댁을
찾아가라니. 할아버지 댁까지 가려면 버스 터미널에서 완행버스를
타고 16킬로미터나 가야 했고, 버스에서 내려서는 한참을 걸어
들어가야 했다. 게다가 엄마의 심부름을 하자면 할아버지에게
전하라는 말도 또박또박 기억해야 했다. 과연 내가 할 수 있을까.
걱정만 앞섰다.

내가 할아버지 댁에 도착하니까 큰아버지와 큰어머니가
놀라면서도 반겨 주었다. 그리고 마실갔던 할아버지를 급히 불러서
방에 모여 앉았다. 내 딴에는 엄마가 전하라는 대로 끙끙대며

이야기했는데 다들 무슨 말인지 못 알아듣겠는 모양이었다. 엄마가 전하라는 말도 어려웠고, 버스 타고 내리는 데만 온통 신경을 써서인지 중간중간 까먹어서 내용이 제대로 전달될 리 없었다.

"아범이 가서 무슨 일인지 알아보고 와라. 저렇게 어린 애를 혼자서 보내다니 무슨 큰일이라도 생겼나 보다."

할아버지의 한마디에 큰아버지는 그길로 나를 데리고 우리집으로 왔다. 엄마에게서 자세한 내막을 들은 큰아버지가 할아버지에게 그대로 전해서 아버지는 크게 꾸지람을 들었다. 어쨌든 난 심부름을 제대로 한 것 같았다. 어린 나이 치고는 전하라는 말도 미흡하나마 전달했고, 혼자서 처음 가는 길도 용기 있게 잘 찾아갔으니 과연 칭찬받을 만할까.

아버지는 할아버지에게 꾸지람을 듣고도 변하지 않았다. 나름대로 부자였던 우리집은 국민학교 졸업할 무렵부터 기울기 시작해서 고등학교 졸업할 무렵에는 정말 내 앞으로 남겨질 땅 한 자리도 남아 있지 않게 되었다. 대신 나는 어려서부터 강하게 키워져 나중에 겪게 될 세상살이에서 지치지 않고 버틸 수 있는 맷집을 갖게 되었다.

외삼촌은 어디 가서 그렇게 돌아오지 않았을까

내가 국민학교 들어갔을 때 엄마가 막내를 낳았다. 막내를 낳고는
너무 힘이 들어서 원주 외가에 있는 막내 이모를 오라고 해서
산후조리를 했다. 다들 막내와 엄마에게 신경쓰느라 나를 돌봐 줄
사람은 없었다. 방학이 되어 나는 외가에 가서 한 달 동안
머물렀다. 외가는 원주 시내에서 그리 멀지도 않았는데 전기도
들어오지 않는 시골이어서 등잔불을 썼다. 해도 일찍 져서 오후
3시경이면 벌써 주위가 어두컴컴해졌다. 그곳에서는 하루 종일 내
맘대로 여기저기 놀러 다니면 되었으니 그냥 좋았다. 그 뒤로도
나는 방학이면 외가에 가서 지내곤 했다.

아홉 살쯤이었을까. 방학이라고 외가에 있었다. 외가에서의
시간은 빠르게 흘렀다. 벌써 방학이 끝나갈 때쯤 되니까 원주
시내에 나가 살던 막내 외삼촌이 나를 집에 데려다주기 위해서
왔다. 나는 외삼촌을 따라나섰다. 그런데 외삼촌은 원주 시내에서
버스 터미널로 가는 게 아니라 자신의 자취방으로 가는 게 아닌가.
외삼촌 자취방은 처음이었다. 또 새로운 세계였다. 외삼촌은 양은
냄비에 어묵탕을 끓여서 나에게 주고는 조금 있다가 나갔다.
밖으로 나간 외삼촌이 돌아오지 않아 혼자인 채로 있었던 게
하루인지 이틀인지 며칠이 지났는지도 모르게 시간이 흘렀다. 배가
고프면 밥상 위에 외삼촌이 놓고 간 것을 먹었던 것 같은데 다른

기억은 없다. 나중에는 지쳐서 방바닥에 눕고 말았다. 혼미했다. 그렇게 외삼촌 자취방에 홀로 쓰러져 있는데 어느 순간 문이 열리더니 아버지가 들어왔다. 아버지가 그렇게 반가웠다.

개학날이 다 되었는데 내가 오지 않으니까 아버지는 외가로 나를 찾아갔단다. 외할머니한테서 외삼촌이 집에 데려다준다고 해서 따라갔다는 소리를 듣고 원주 시내로 나와 물어물어 외삼촌 자취방을 찾아왔단다. 아버지와 고속버스를 타고 여주로 오는데 저녁이 되어 밖은 이미 어두웠다. 차창으로 보이는 멀리 마을의 불빛들이 별처럼 반짝였다. 안도감이 들어서일까. 차창 밖의 풍경이 평화롭기 그지없었다.

그때의 기억 때문인지 나는 지금도 버스나 기차나 창을 통해 보이는 야경을 몹시 좋아한다. 마음이 편안해진다. 지금 생각해 보면 그때 외삼촌 자취방에서 허기진 상태로 쓰러져 있던 것이니 나는 상당히 위험했다. 그때 아버지가 찾아오지 않았다면 어떻게 되었을까. 그렇게 하루 이틀 더 지났다면 아마도 지금의 나는 없었을 것이다. 그 일로 막내 외삼촌은 우리집에서 아예 신뢰가 없는 사람이 되었다. 그때 외삼촌은 어디 가서 그렇게 돌아오지 않았을까.

고추잠자리

나는 시골 강가 마을에서 자랐고 우리집은 초가집이었다. 대여섯 살쯤이던 어느 날, 이리저리 다니며 혼자 놀다가 해질녘이 되서야 집으로 돌아왔다. 엄마는 부엌 바닥에 앉아 아궁이에 불을 때고 있었다. 나는 부엌에서 뒤꼍으로 나가는 문에 걸터앉아 엄마가 불 때는 모습을 가만히 보고 있었다. 노을이 유난히도 붉었다. 엄마 모습과 아궁이에서 타는 불그레한 불을 계속 보고 있자니 갑자기 울음이 나올 것만 같았다. 그래서 엄마에게 물었다.

"엄마, 왜 자꾸 울고 싶지?"
"그럼 실컷 울어."

그때 엄마 나이가 서른한 살쯤이었다. 막상 실컷 울라니 눈물이 나질 않았다. 왜 울고 싶었을까. 유난히도 붉던 노을 때문이었을까. 아궁이에서 타는 불그레한 불 때문이었을까. 엄마 때문이었을까.

시간은 유수와 같이 흘러 나는 중학교 3학년, 열여섯 살이 되었다. 당시는 조용필의 노래 〈고추잠자리〉가 한창 유행했다. 다들 따라 부르던 이 노래를 들을 때마다 그날 부엌에서 아궁이에 불을 때던 엄마가 떠올랐다. 아궁이에서 타던 불그레한 불도. 유난히도 붉던 노을도.

아마 나는 아직은 어린가 봐 그런가 봐
엄마야 나는 왜 자꾸만 슬퍼지지
엄마야 나는 왜 울고 싶지

《말 없는 거행 씨》 엮으며 고하다

이 책은 다분히 그의 이야기다. 말하지 않아도 아는 것이 '정'이라고 했던가. 그런 면에서
보면 그는 참으로 정 많은 사람이다. 서슴없이 주저리주저리 속내 이야기하는 오히려 말
많은 사람이다. 누가 묻거나 궁금해하지 않아도 저마다 알아서 친절하게 이야기하는
텔레비전이나 라디오처럼. 그러니까 우리는 세상 가장 편한 자세로 또한 홀가분한 마음으로
보거나 듣거나 하면 된다. 한낱 시시콜콜한 이야기고, 고작 남의 이야기인데 그게 바로 우리
인생 이야기다 보니 다들 매정하지 않을 수 있다. 다큐미니시리즈 〈인간극장〉 보는
듯할까. 무심코 켜 놓은 텔레비전에서 나오는 이야기에 무심코 빠져드는 일이 충분히
가능한 것은, 인생이야말로 드라마 같기 때문이다.

그는 대한민국 지방 도시 일개 공무원이다. 청운의 꿈 안고 공무원 되었고, 이리저리
치이면서도 긍정적인 자세로 정면 돌파하는 지혜 배웠고, 그 지혜 더 많은 사람들과
나누고자 틈틈이 기록했다. 그 결과물인 이 책은 그의 '인생 에세이'다. 에세이는 형식이
자유로운 글이다. 형식뿐만 아니라 모든 것이 자유로와서 누구라도 쓸 수 있는 글이기도
하다. 세상에 에세이 흔한 이유다. 아무리 흔해도 읽을수록 맛있는 이야기, 생각할수록
맛있는 책 세상에 나오기는 드물다. 아무나 잘 쓸 수 있는 글 아니기 때문이다. 이 책은 감히
맛있다. 그야말로 인생의 단맛, 쓴맛 이러저러한 맛 다 본 이야기니까.

그는 인생의 반환점에 서 있다. 다시 오거나 가거나 하는 것은 반갑기도 하고 두렵기도 하고
그렇다. 아무래도 반환점 도는 그 일은 그리 단순하지만은 않다. 누가 인생은 육십부터라고
했을까. 회갑을 앞둔 그의 입장에서는 만감이 교차한다. 아련하게 떠오르는 기억들이
파노라마처럼 펼쳐지는 시간 앞에서 가슴이 벅차오른다. 그 이야기들을 그는 조목조목
놓치지 않으려고 애썼달까. 말하자면 이 책은 그의 '회고록'이기도 하다.

이 책의 시간은 거꾸로 흐른다. 일대기 드러나는 경우 대개 시간 순서대로 구성해야
일목요연할 것인데 그걸 뒤집었다. 기억은 넘나들기 마련이어서 차례대로 정렬하더라도
그때그때 이야기들이 뒤섞이기 마련이다. 이번 일 하면서 지난 일 참고 삼는다든지 지난 일
기억하면서 지금 입장 밝히기도 해서 더 그렇다. 이야기는 끊임없이 넘나들고 돌고 돈다.
인생도 마찬가지다. 이 책의 시간이 거꾸로 흐르는 것은 그 인생 진지하게 대면하는
방편이기도 하다. 사뭇 거슬러 오르는 일이니까.

말 없는 사람은 그 속도 알 수 없다. 그 삶도 마찬가지다. 그 알 수 없는 미지의 세계는 그야말로 궁금증 자아내기 마련이다. 잘 알든 모르든 호감 있든 없든 그가 말 없는 사람이라는 것만으로도 그 궁금한 마음 자꾸 커진다. 그 이야기 자꾸 궁금해진다. 문학적으로 성숙한 글 아니라도 무슨 상관일까. 다들 눈 동그랗게 뜨고 기다리는 것이, 그것이 이야기다. 그것이 인생이다.

이 책에는 김태정의 〈사랑이야기〉와 〈백지로 보낸 편지〉, 박상철의 〈무조건〉, 스티비 원더와 폴 매카트니의 〈에보니 앤 아이보리〉, 이용복의 〈그 얼굴에 햇살을〉, 조용필의 〈고추잠자리〉 등 동시대 사람이라면 누구라도 익숙한 가수와 노래 등장한다. 김태정의 노래는 두 곡이나 나온다. 게다가 가수의 단아한 미모에 먼저 시선을 빼앗겼다고 고백하기도 한다. 그런 만큼 이 노래들은 그를 대변하기도 하고, 그가 지나온 시대를 대변하기도 한다. 마찬가지로 당대 힛트곡들은 십상 누군가의 십팔번 된다. 십팔번 없는 사람 과연 있을까. 십팔번이야말로 응원가요, 노동가요, 사랑가요, 인생가요, 어디서라도 누구라도 마음 울리는 요물이다. 덕분에 다들 열심히 살 수 있으니까.

그는 2013년 '경기공무원대상' 수상한 영예로운 공무원이다. 아무리 운 없고, 아무리 공 없는 삶 살았어도 그 인생은 스스로 빛났다. 그 이야기 오롯이 담긴 이 책에는 애환보다는 꿈이 우굴댄다. 말하자면 이 책은 그의 '꿈' 이야기다. 한 편의 소설 같고, 한 편의 영화 같은 그의 꿈은 아직 청춘이다.

이 책은 감히 투명하다. 우리 눈에 불투명한 종이는 그 면면을 고스란히 드러내고자 하는 역할 다할 뿐이다. 이 책 펼치고 읽는 일은 그것을 투명하게 하는 일과 다르지 않다. 비로소 글자들이 엮어 내는 이야기들이 둥둥 떠서 유영하는 것이다. 말하자면 이 책 집어드는 순간부터 머릿속에는 책이 투명하게 펼쳐진다. 그 책장 넘기며 우리는 볼 수 있다. 이 이야기들이 비로소 편견 없이 자유로워지는 것을.

지은이 **박거행**(朴巨行)은 경기도 여주에서 태어나고 자랐다. 청주대학교 행정학과를 졸업하고 공무원이 된 뒤로 여러 사람 공평하게 힘쓰는 일, 공무에 전념했다. 여주의 골목과 들판을 속속들이 걸었고, 사람들의 일상 속에서 함께 울고 웃었다. 행정의 눈으로, 시민의 마음으로, 그리고 스스로를 돌아보는 마음으로 여주의 시간과 풍경을 기록하고 있다.

말 없는 거행 씨 __ 박거행 에세이

2025년 9월 9일 초판 1쇄 발행

발행 연장통, 출판등록 제406-4060000251002008000091호, 경기도 파주시 청암로 28, 815-803, 전화 070 7699 4950, 팩스 031 8070 4950, www.yonjangtong.com

ISBN 979 11 88715 14 5 (03810)